AF308696

MÉMOIRES

SUR LE PRÊT A INTÉRÊT,

ET SUR

LE COMMERCE DES FERS.

Par M. TURGOT, Ministre d'État.

A PARIS,

Chez Froullé, Libraire, Quai des Augustins;
N°. 39.

1789.

AVERTISSEMENT.

LE respect que tous les amis de la Liberté & de la raison ont pour l'ame & le génie de M. Turgot, la haine que leurs ennemis conservent encore pour sa mémoire, nous assurent qu'aucun Ouvrage, honoré de son nom, ne peut être reçu avec indifférence.

Ceux qui connoissent l'étendue & la profondeur de ses vues, pour la perfection de l'ordre social, & la sagesse des moyens par lesquels il eût voulu les réaliser, & qui aiment également la liberté, la justice & la paix, sentent combien, dans cette heureuse mais pénible révolution, la Nation auroit eu besoin d'être éclairée par la raison de M. Turgot, guidée par son caractère, inspirée par sa vertu.

On trouvera dans le premier des Mémoires que nous publions, une réfutation complette de ces préjugés sur l'usure, qui ont si long-temps nui au Commerce, haussé l'intérêt, précisément parce qu'il flétrissoit toute espèce d'intérêt, & favorise des crimes réels, parce qu'ils en créent d'imaginaires.

L'Assemblée Nationale n'a osé adopter qu'une partie de la vérité : on la trouvera ici toute entière.

AVERTISSEMENT.

Dans le second Mémoire, M. Turgot, en répondant à une demande particulière du Ministre, combat le préjugé, qui, par la prohibition des marchandises étrangères, croit favoriser le Commerce National, préjugé plus répandu encore que ceux des adversaires du prêt à intérêt, & plus difficile à détruire.

Nous n'avons pas encore brisé toutes nos chaînes ; & malgré le noble enthousiasme avec lequel nous prononçons les noms sacrés de droits & de Liberté, nous sommes encore bien éloignés de connoître toute l'étendue des idées que ces mots expriment.

MÉMOIRE,

MÉMOIRE,

Sur les Dénonciations faites au Sénéchal d'Angoulême, contre quelques Capitalistes, préteurs d'argent, sous prétexte d'intérêts usuraires.

I.

Occasion du présent Mémoire.

Il y a déjà quelques mois qu'une dénonciation faite au Sénéchal d'Angoulême contre un particulier, qu'on prétendoit avoir exigé des intérèts usuraires dans ses négociations d'argent, a commencé à exciter une fermentation très-vive parmi les Négocians de cette ville. Cette fermentation n'a cessé d'augmenter depuis par la suite qui a été donnée à la procédure, par les nouvelles dénonciations qui ont suivi la pre-

A

mière, & par les menaces multipliées de tous les côtés contre tous les prêteurs d'argent. Ces mouvemens ont produit l'effet qu'on devoit naturellement en attendre : l'inquiétude & le discrédit parmi les Négocians , le défaut absolu d'argent sur la place , l'interruption entière de toutes les spéculations du commerce , le décri de la place d'Angoulème au dehors, la suspension des paiemens , & le protèt d'une foule de lettres de-change. Ces conséquences paroissent mériter l'attention la plus sérieuse de la part du Gouvernement ; & il semble d'autant plus important d'arrêter le mal dans son principe , que si l'espèce de Jurisprudence qu'on voudroit établir à Angoulème , devenoit générale , il n'y auroit aucune place de commerce qui ne fût exposée aux mêmes révolutions , & que le crédit , déjà trop ébranlé par les banqueroutes multipliées , seroit entièrement anéanti par-tout.

I I.

Objet & Plan de ce Mémoire.

L'OBJET du présent Mémoire est de mettre sous les yeux du Conseil un récit de ce qui s'est passé à Angoulème , des manœuvres qui ont été pratiquées & des suites qu'elles ont eues. Ce

(3)

récit fera sentir les inconvéniens qui en résultent, & la nécessité d'y apporter un prompt remède.

Pour y parvenir, on essayera d'exposer les principes d'après lesquels on croit que cette affaire doit être envisagée, & d'indiquer les moyens qui se sont présentés, comme les plus propres à ramener le calme parmi les Négocians d'Angoulême, & à garantir, dans la suite, le commerce, tant de cette ville que des autres places du Royaume, d'un genre de vexation aussi funeste.

I I I.

Idée Générale du Commerce d'Angoulême.

Pour donner une idée juste de la manœuvre des dénonciateurs de faits d'usure, pour en faire connoître l'origine, & mettre en état d'apprécier les effets qu'elle a dû produire, il paroît nécessaire d'entrer dans quelques détails sur la nature du commerce d'Angoulême, & des négociations qui s'y sont faites depuis quelques années.

La ville d'Angoulême, par sa situation sur la Charente, dans le point du cours de cette rivière, où elle commence à être navigable, sembleroit devoir être très-commerçante : elle l'est

A 2

cependant affez peu. Il eft probable qu'une des principales caufes qni fe font oppofées au progrès de fon commerce, eft la facilité que toute famille un peu aifée trouve à y acquérir la Nobleffe en parvenant à la Mairie. Il réfulte de là que, dès qu'un homme a fait fortune par le commerce, il s'empreffe de le quitter pour devenir Noble. Les capitaux qu'il avoit acquis font bientôt diffipés dans la vie oifive, attachée à fon nouvel état, ou, du moins, ils font entièrement perdus pour le commerce. Le peu qui s'en fait eft donc tout entier entre les mains de gens prefque fans fortune, qui ne peuvent former que des entreprifes bornées faute de capitaux, qui font prefque toujours réduits à faire rouler leur commerce fur l'emprunt, & qui ne peuvent emprunter qu'à très-gros intérêt, tant à caufe de la rareté effective de l'argent, qu'à caufe du peu de sûreté qu'ils peuvent offrir aux prêteurs.

Le commerce d'Angoulème fe réduit à peu-près à trois branches principales : la fabrication des papiers, le commerce des Eaux-de-vie, & les entreprifes des Forges, qui font devenues très-confidérables dans ces derniers temps, par la grande quantité de canons que le Roi a fait fabriquer depuis quelques années dans les Forges de l'Angoumois & du Périgord , situées à peu de distance d'Angoulême.

Le commerce des Papeteries a un cours , en général , assez réglé ; il n'en est pas de même de celui des Eaux-de-vie : cette denrée est sujette à des variations excessives dans le prix , & ces variations donnent lieu à des spéculations très-incertaines , qui peuvent , ou procurer des profits immenses , ou entraîner des pertes ruineuses. Les entreprises que font les Maîtres de Forges, pour les fournitures de la Marine , exigent de leur part de très-grosses & très-longues avances , qui leur rentrent avec des profits d'autant plus considérables, qu'elles leur rentrent plus tard. Ils sont obligés, pour ne pas perdre l'occasion d'une grosse fourniture, de se procurer de l'argent à quelque prix que ce soit , & ils y trouvent d'autant plus d'avantages, qu'en payant la mine & le bois comptant , ils obtiennent une diminution très-forte sur le prix de ces matières premières de leurs entreprises.

I V.

Origine du haut prix de l'argent à Angoulême.

Il est aisé de comprendre que la circonstance d'un commerce également susceptible de gros rifques & de gros profits , & celle d'une place dégarnie de capitaux , fe trouvant réunies dans la ville d'Angoulême , il en a dû réfulter un taux courant d'intérêt affez haut & plus fort en général , qu'il ne l'eft dans les autres places de commerce. En effet , il eft notoire que depuis une quarantaine d'années , la plus grande partie des négociations d'argent s'y font faites fur le pied de huit ou neuf pour cent par an, & quelquefois fur le pied de dix , fuivant que les demandes étoient plus ou moins nombreufes, & les rifques à courir plus ou moins grands.

V.

Banqueroutes récentes à Angoulême ; manœuvre dont elles ont été accompagnées.

Il eft encore affez naturel que dans un commerce , tel que je viens de dépeindre celui d'Angoulême , les banqueroutes foient très-fréquentes ; & c'eft ce qu'on voit effectivement. Il s'en eft fait , depuis quelque temps , deux affez confidérables , qu'on peut , fans jugement téméraire , regarder comme frauduleufes, & qui paroiffent avoir beaucoup de connexité avec les manœuvres des dénonciations contre les prêteurs d'argent. Elles avoient été préparées par une

autre manœuvre affez fingulière. Le nommé
T........ - P........ , un autre T......... , diftingué
par le nom de la V......... (ce font les deux
banqueroutiers), le nommé N......., ancien Au-
bergifte d'Angoulême, qui, depuis, s'étant jeté
dans une foule d'entreprifes mal concertées, fe
trouve réduit aux abois, & deux ou trois autres
particuliers s'étoient concertés pour fe faire des
billets au profit les uns des autres , fans qu'il y
eût aucune valeur réelle fournie, mais feulement
un billet de pareille fomme , figné de celui qui
recevoit le premier. Ces billets étoient fucceffi-
vement endoffés par tous ceux qui trempoient
dans cette manœuvre. Dans cet état , le porteur
d'un de ces billets s'en fervoit , ou pour faire
des paiemens , ou pour emprunter de l'argent
d'un banquier , ou de tout autre poffeffeur de
capitaux : celui qui recevoit le billet , le voyant
revêtu de plufieurs fignatures, & n'imaginant pas
que tous les fignataires puffent manquer à la
fois , le prenoit fans difficulté. Pour éviter que la
manœuvre ne fût découverte , les porteurs de
billets avoient l'attention de ne jamais préfenter
à la même perfonne les billets qui fe compen-
foient réciproquement. L'on portoit à un banquier le billet fait , par exemple, par N.... au
profit de T........ - P........ , & on portoit à un

autre le billet fait par T.......-P........ au profit de N........ Par ce moyen, les auteurs de cette manœuvre avoient su se former un crédit sans aucun fonds, sur lequel ils faisoient rouler différentes entreprises de commerce. On prétend que T.......-P......., qui avoit déjà fait, il y a quelques années, une première banqueroute dans laquelle ses créanciers avoient perdu 80 pour 100, avoit su, par ce crédit artificiel, se procurer des fonds très-considérables, avec lesquels il a pris la fuite à la fin de l'Été dernier.

V I.

Connexité de la manœuvre des Banqueroutiers avec celle des dénonciations de faits d'usure.

CEUX qui avoient eu l'imprudence de donner de l'argent sur ces billets frauduleux, ont paru dans la disposition de poursuivre les endosseurs. C'est alors que ceux-ci ont imaginé de se réunir avec quelques autres particuliers ruinés comme eux, & d'intimider ceux qui voudroient les poursuivre, en les menaçant de les dénoncer, à la Justice, comme ayant exigé des intérêts usuraires ; ils ont, en effet, réalisé cette menace, & les troubles arrivés dans le commerce d'Angoulême, sont l'ouvrage de cette cabale.

Les principaux chefs font ce nommé N....., dont j'ai déjà parlé, un nommé la P..., Maître de Forge à Bouremeil, près de Nontron, petite ville du Périgord, un nommé C......... M........., & plufieurs autres marchands banqueroutiers, ou prêts à l'être. Ces trois particuliers fe font affociés avec un Procureur, nommé T........, qui leur fert de Confeil & d'agent principal.

V I I.

Dénonciation du Sieur de C.... de C....

L E U R première démarche a été de faire noncer, par C........ M........, le fieur C....... de C......, comme coupable de négociations ufuraires. Le Procureur du Roi a reçu la dénonciation le 16 Septembre dernier. Il s'eft rendu partie contre le fieur C..........., & un très-grand nombre de témoins ont été affignés à fa Requête.

V I I I.

Reftitutions imprudemment faites par la famille de C.........; manœuvres odieufes des Dénonciateurs.

L E fieur de C........., qu'on dit avoir prêté de l'argent, non feulement à des Négocians,

mais à différens particuliers, à un taux véritablement excessif, a été intimidé, & s'est caché.
Sa famille alarmée, & craignant que le Sénéchal
ne prononçât contre lui des condamnations flé-
trissantes, a voulu appaiser les dénonciateurs &
les témoins, en offrant de restituer l'argent qu'il
avoit touché au-delà du taux fixé par les Loix.
Cette facilité n'a pas manqué d'encourager la
cabale & de multiplier les demandes à l'infini.
On dit, mais je n'ai sur cela aucun détail précis,
que ceux qui prétendoient avoir quelque témoi-
gnage à porter contre le sieur de C........., se
présentoient sans preuves, sans registres, qui
constatassent ni les négociations dont ils se plai-
gnoient, ni le montant des intérêts exigés : ils
fixoient arbitrairement ce qu'ils vouloient, &
la menace de déposer faisoit leur titre. Le Procureur T........ les accompagnoit , & l'on ne
manquoit pas de stipuler sa part du butin. L'on
assure que la famille du sieur de C........ a
déboursé plus de soixante mille livres, pour sa-
tisfaire l'avidité de ses exacteurs, & que cette
somme a absorbé la plus grande partie de la fortune de ce particulier , qui se trouve entièrement ruiné ; mais cette malheureuse famille n'a
rien gagné à cette extravagante prodigalité ; &
l'on m'a mandé d'Angoulême , que ceux dont

elle avoit payé fi chèrement le filence ; n'en avoient pas moins fait les dépofitions les plus fortes, lorfqu'ils avoient été affignés comme témoins.

I X.

Menaces faites aux autres prêteurs d'argent, par la cabale des Dénonciateurs.

ENCOURAGÉS par un pareil fuccès, les chefs de la cabale n'ont pas manqué de faire ufage des mêmes armes contre les autres prêteurs d'argent de la ville d'Angoulème. N...... & la P......., qui paroiffent être les deux plus actifs, ont ameuté de tous côtés ceux, qui pouvoient avoir fait des négociations à gros intérêts avec les capitaliftes d'Angoulème. J'ai fous les yeux des lettres écrites par la P......., qui prouvent qu'il a cherché jufqu'au fond du Limoufin des particuliers, qui pouvoient avoir payé de gros intérêts aux prêteurs d'Angoulème, & qu'il leur offroit de conduire leurs affaires. Ce même la P......., qui, ayant fait de groffes entreprifes pour la Marine, avoit été plus qu'un autre dans le cas d'emprunter à gros intérêts, a écrit plufieurs lettres à différens particuliers, par lefquelles il exige d'eux des fommes confidérables, en les menaçant de les dénoncer. Il avoit écrit entr'autres à un nommé R......; en lui mandant qu'il lui falloit six sacs de six mille francs, & qu'on lui remît un billet de 622 liv., qu'il avoit négocié avec ce R...... *Il les faut*, disoit-il ; *il les faut, &c. J'ai été mis sur le grabat, parce que j'étois Maître de Forge & honnête homme ; il faut que je tâche de me relever...... Il faut finir ce soir à quatre heures.* Je n'ai point vu cette lettre en original , parce que le fils du sieur R......, ayant eu l'imprudence , dans le premier mouvement de son indignation, d'aller trouver le sieur de la P......, & de le menacer de voie de fait, celui-ci en a pris occasion de rendre plainte contre lui au Criminel , & a, depuis, accommodé l'affaire , en exigeant qu'on lui remît sa lettre , & que R...... s'engageât à n'en point faire usage contre lui ; mais , comme elle avoit été ouïe de plusieurs personnes , je suis assuré qu'elle contenoit, en substance, ce que je viens de marquer.

X.

Nouvelles restitutions par les prêteurs intimidés ; multiplications des demandes en conséquence.

Plusieurs des prêteurs, ainsi menacés, sont entrés en accommodement ainsi que la famille du fieur de C..........; & cela n'a fervi qu'à exciter de plus en plus cette cabale, & à multiplier le nombre des demandeurs. Tous ceux qui fe font imaginé avoir été léfés dans quelques négociations d'argent fe font réveillés, & la nuée groffit de jour en jour. On ne fe contente pas de demander la reftitution des intérêts, ou des efcomptes, pris au-deffus de cinq ou fix pour cent, on va jufqu'à demander l'intérêt de ces intérêts : j'en ai eu l'exemple fous les yeux dans une lettre, figné D. C......, laquelle eft conçue en ces termes :

En 1763, le 20 Décembre, vous m'avez pris 60 liv. fur un billet de 1000 liv., à l'ordre de M. B......, endoffé par M. C...... père. Je vous demande 30 liv. de reftitution & 18 liv. d'intérêts. Si vous ne me les renvoyez, je pars immédiatement après mon déjeûner pour Ruelle, pour chercher le Certificat, &, à mon retour, je vous dénonce. Puifque vous m'avez fait la grace de ne pas vous en rapporter à moi, comptez fur ma parole d'honnête homme.

On a redemandé à des enfans de prétendues reftitutions, pour des affaires traitées avec leurs pères, décédés depuis plufieurs années, & cela fans produire aucun acte, aucun regiftre, ni aucune autre preuve que la fimple menace de

dénoncer. Ce trait prouve l'efpèce de vertige
que le fuccès des premiers dénonciateurs a im-
primé dans les efprits.

Un Collecteur, dont le père avoit autrefois
emprunté de l'argent d'un des Receveurs des
Tailles, fe trouvant arréragé de plus de 2000 l.
fur fon recouvrement, a bien eu l'audace de
lui écrire qu'il prétendoit compenfer cette fomme
avec les efcomptes que ce Receveur avoit pris
autrefois de lui, ou de fon père.

L'avidité & l'acharnement des dénonciateurs
d'un côté, de l'autre, la terreur de tous les Négocians prêteurs d'argent, n'ont pu qu'être infiniment augmentées, par la facilité avec laquelle
les Officiers de juftice d'Angoulême ont paru fe
prêter à ces accufations d'ufure.

X I.

Influences funeftes de cette fermentation fur le
crédit & le Commerce d'Angoulême.

L'EFFET des pourfuites faites fur ces accufations a dû être, & a été le difcrédit le plus
abfolu dans tout le commerce d'Angoulême.
L'autorifation donnée à la mauvaife foi des emprunteurs a fermé toutes les bourfes des prêteurs, dont la fortune fe trouve d'ailleurs ébranlée

par cette fecouſſe. Aucun engagement échu ne
fe renouvelle ; toutes les entreprifes font arrê-
tées ; les fabriquans font expofés à manquer,
par l'impoſſibilité de trouver aucun crédit pour
attendre la rentrée de leurs fonds. J'ai déjà fait
mention au commencement de ce Mémoire de
la grande quantité de lettres-de-change qui ont
été proteſtées depuis ces troubles. Depuis peu,
j'ai appris que les Marchands, qui vendent des
étoffes pour la confommation de la ville, s'étant
adreſſés, fuivant leur ufage, à Lyon pour donner
leurs commiſſions, on leur a répondu qu'on ne
feroit aucune affaire avec Meſſieurs d'Angoulème, qu'argent comptant. Ce difcrédit influe
même fur la fubſiſtance des peuples : les récoltes
ayant manqué dans la Province, elle a befoin,
pour en remplir le vuide, des reſſources du
commerce : la ville d'Angoulème étant fituée
fur une rivière navigable, on devroit s'attendre
qu'elle feroit toujours abondamment pourvue,
& que ces négociations s'empreſſeroient de former des magaſins, non feulement pour fon ap-
provifionnement, mais même pour celui d'une
partie de la Province ; mais l'impoſſibilité, où
le difcrédit général les a mis de faire aucune
fpéculation, rend cette reſſource abfolument
nulle.

X I I.

Nécessité d'arrêter le cours de ces vexations.

Il seroit superflu de s'étendre sur les tristes conséquences d'une pareille révolution. C'est un grand mal que le dérangement de toutes les opérations du commerce, l'interruption de la circulation de l'argent, l'alarme répandue parmi les Négocians d'une ville, & l'ébranlement de leurs fortunes. C'en est un autre non moins grand que le triomphe d'une cabale de fripons, qui, après avoir abusé de la crédulité des particuliers, pour se procurer de l'argent su. des billets frauduleux, ont eu l'adresse plus coupable encore de chercher dans les Loix mal entendues un moyen, non-seulement de se garantir des poursuites de leurs créanciers, mais encore d'exercer contr'eux la vengeance la plus cruelle; de les ruiner, de les diffamer, & de s'enrichir de leurs dépouilles. Ce succès de la mauvaise foi, & cette facilité donnée à des Négocians de revenir contre les engagemens contractés librement, seroient aussi scandaleux que funestes au commerce, non-seulement d'une place, mais de toutes celles du Royaume. Il est donc aussi nécessaire que juste d'apporter à ce mal un remède

remède efficace, & d'arrêter le cours d'un genre de vexation aussi odieux, d'autant plus dangereux, qu'il se couvre des apparences du zèle pour l'observation des Loix.

X I I I.

Difficulté de remédier à ces maux.

MAIS, par cela même que le mal a, en quelque sorte, sa racine dans des principes, ou des préjugés regardés comme consacrés par les Loix, il peut n'être pas facile de se décider sur le remède convenable, & sur la manière de l'appliquer.

X I V.

Vice de nos Loix sur la matière de l'intérêt de l'argent ; impossibilité de les observer en rigueur ; inconvéniens de la tolérance arbitraire, à laquelle on s'est réduit dans la Pratique.

J'OSERAI trancher le mot. Les Loix reconnues dans les Tribunaux sur la matière de l'intérêt de l'argent sont mauvaises : notre Législation s'est conformée aux préjugés rigoureux sur l'usure, introduits dans les siècles d'ignorance par des Théologiens, qui n'ont pas mieux entendu le sens de l'Écriture, que les principes du droit naturel. L'obfervation rigoureufe de ces Loix feroit deftructive de tout commerce ; auffi ne font-elles pas obfervées rigoureufement : elles interdifent toute ftipulation d'intérêt , fans aliénation du capital ; elles défendent, comme illicite , tout intérêt ftipulé au-delà du taux fixé par les Ordonnances du Prince. Et c'eft une chofe notoire, qu'il n'y a pas fur la terre une place de commerce , où la plus grande partie du commerce ne roule fur l'argent emprunté , fans aliénation du capital , & où les intérêts ne foient réglés par la feule convention , d'après l'abondance plus ou moins grande de l'argent fur la place, & la folvabilité plus ou moins sûre de l'emprunteur. La rigidité des Loix a cédé à la force des chofes : il a fallu que la Jurifprudence modérât dans la Pratique fes principes fpéculatifs ; & l'on en eft venu à tolérer ouvertement le prêt par billet , l'efcompte & toute efpèce de négociation d'argent entre commerçans. Il en fera toujours ainfi toutes les fois que la Loi défendra ce que la nature des chofes rend néceffaire. Cependant cette pofition, où les Loix ne font point obfervées , mais fubfiftent fans être révoquées , & font même encore obfervées en partie , entraîne de très - grands inconvéniens. D'un côté , l'inobfervation connue

de la Loi diminue le respect que tous les Citoyens devroient avoir pour tout ce qui porte
ce caractère ; de l'autre, l'existence de cette
Loi entretient un préjugé fâcheux, flétrit une
chose licite en elle-même, une chose dont
la société ne peut se passer, & que, par conséquent, une classe nombreuse de Citoyens est
obligée de se permettre. Cette classe de citoyens
en est dégradée, & ce commencement d'avilissement dans l'opinion publique affoiblit pour
elle le frein de l'honneur, ce précieux appui de
l'honnêteté. L'auteur de l'Esprit des Loix a très-
bien remarqué, à l'occasion même des préjugés
sur l'usure, que quand les Loix défendent une
chose nécessaire, elles ne réussissent qu'à rendre
malhonnêtes gens ceux qui la font. D'ailleurs,
les cas où la Loi est observée, & ceux où l'in-
fraction en est tolérée, n'étant point spécifiés
par la Loi même, le sort des citoyens est abandonné à une Jurisprudence arbitraire & chan-
geante comme l'opinion. Ce qu'une foule de citoyens pratiquent ouvertement, & pour ainsi
dire, avec le sceau de l'approbation publique,
sera puni sur d'autres comme un crime ; en sorte
que, pour ruiner & flétrir un citoyen qui se
reposoit avec confiance sur la foi d'une tolérance notoire, il ne faut qu'un juge peu

inſtruit ou aveuglé par un zèle mal entendu.

Les Juriſdictions conſulaires admettent les intérêts ſtipulés ſans aliénation du capital (*), tandis que les Tribunaux ordinaires les réprouvent & les imputent ſur le capital. Il exiſte des peines prononcées contre l'uſure ; ces peines ſont, pour la première fois, l'amende honorable, le banniſſement, la condamnation en de groſſes amenndes ; &, pour la ſeconde fois, la confiſcation de corps & de biens, c'eſt-à-dire, la condamnation à une peine qui entraîne la mort civile ; telle que la condamnation aux Galères à perpétuité, ou le banniſſement perpétuel. L'Ordonnance de Blois qui prononce ces peines, ne fait aucune diſtinction entre tous les différens cas que les Théologiens & les Juriſconſultes ont compris ſous la dénomination d'uſure ; ainſi, à ne conſidérer que la lettre de la Loi, tout

---

(*) Je n'ignore pas que les Juriſdictions conſulaires ne prononcent jamais expreſſément, qu'il ſoit dû des intérêts en vertu de la ſeule ſtipulation ſur ſimple billet, ſans aliénation du capital ; mais il n'en eſt pas moins vrai que dans le fait elles autoriſent équivalemment ces intérêts, puiſque les billets dont elles ordonnent le paiement comprennent ordinairement l'intérêt contre le capital, & que les Juges-Conſuls ne s'arrêtent point aux allégations que feroit le débiteur, d'avoir compris dans ſon billet le capital & l'intérêt.

homme qui prête, fans aliéner le capital, tout homme qui efcompte des billets fur la place, tout homme qui prête à un taux au-deffus de celui de l'Ordonnance, a mérité ces peines, & l'on peut bien dire qu'il n'y a pas un commerçant, pas un banquier, pas un homme intéreffé dans les affaires du Roi, qui n'y fût expofé. Il eft notoire que le fervice courant de prefque toutes les parties de la finance ne fe fait que par des négociations de cette efpèce.

On répondra fans doute, & cette réponfe fe trouve même dans des auteurs de droit, d'ailleurs très-eftimables, que les Tribunaux ne pourfuivent par la voie criminelle, que les ufures énormes ; mais cette réponfe même eft un aveu de l'arbitraire inféparable de toute exécution qu'on voudra donner à cette Loi : car quelle règle pourra fervir à diftinguer l'ufure énorme & puniffable de l'ufure médiocre & tolérable. Ne fait-on pas même qu'il y a des ufures qu'on eft obligé de tolérer ? Il n'y en a peut-être pas de plus forte que celle qu'on connoît à Paris, fous le nom de prêt à la petite femaine ; elle a été quelquefois jufqu'à deux fols par femaine, pour un écu de trois livres : c'eft fur le pied de 173 & un tiers pour cent. Cependant c'eft fur

cette ufure vraiment énorme que roule le détail du commerce des denrées qui fe vendent à
la halle & dans les marchés de Paris. Les emprunteurs ne fe plaignent pas des conditions de
ce prêt fans lequel ils ne pourroient faire un
commerce qui les fait vivre , & les prêteurs ne
s'enrichiffent pas beaucoup, parce que cet intérêt
exorbitant n'eft guère que la compenfation du
rifque que court le capital. En effet , l'infolvabilité d'un feul emprunteur enlève tout le profit que le prêteur peut faire fur trente ; èn forte
que fi le rifque d'infidélité ou d'infolvabilité de
l'emprunteur étoit d'un fur trente , le prêteur
ne tireroit aucun intérêt de fon argent ; & que
fi ce rifque étoit plus fort·, il perdroit fur fon
capital.

Maintenant fi le Miniftère public eft obligé
de fermer les yeux fur une ufure auffi forte ,
quelle fera donc l'ufure qu'il pourra pourfuivre
fans injuftice ? Prendra-t-il le parti de refter
tranquille , & d'attendre , pour faire parler la
Loi , que l'emprunteur , qui fe croit léfé , pro-
voque fon activité par une plainte ou une dénonciation ? Il ne fera donc que l'inftrument de
la mauvaife foi des frippons , qui voudront revenir contre des engagemens contractés librement : la Loi ne protégera que ceux qui font

indignes de sa protection , & le sort de ceux-
ci sera plus avantageux que celui des hommes
honnêtes, qui , fidèles à leurs conventions, rou-
giroient de profiter d'un moyen que la Loi leur
offre pour les en dégager.

X V.

*Ce qui se passe à Angoulême est une preuve des
inconvéniens attachés à l'arbitraire de la Jurisprudence.*

TOUTES ces réflexions s'appliquent naturellement à ce qui se passe à Angoulême , où les
Juges ont reçu des dénonciations , & instruit,
une procédure criminelle à l'occasion de prêts,
auxquels des Juges plus familiarisés avec la connoissance des opérations du commerce , n'auroient fait aucune attention. Si l'admission de
ces dénonciations a donné au commerce une se-
cousse dangereuse, a compromis injustement la
fortune & l'honneur des particuliers, a fait
triompher la manœuvre odieuse d'une cabale de
frippons ; ces Magistrats ont à dire pour leur
défense, qu'ils n'ont fait que se conformer aux
Loix ; que si l'exécution de ces Loix entraîne
des inconvéniens , c'est au Gouvernement à y
pourvoir par l'exercice de la puissance législative ;

que ce n'eſt point au Juge à les prévoir ; que
l'exactitude eſt ſon mérite, comme la ſageſſe &
l'étendue des vues eſt celui du Légiſlateur.
Cette apologie n'eſt pas ſans fondement ; & il
eſt certain qu'on ne peut blâmer les Juges d'Angoulême, que d'après les principes d'une Juriſprudence qu'aucune loi n'a conſacrée.

X V I.

Raiſons qui paroiſſent devoir décider à ſaiſir
cette occaſion pour réformer la Loi ou fixer
la Juriſprudence.

FAUT-IL pour cela reſter dans l'inaction, &
voir avec indifférence une fermentation dont les
ſuites peuvent être auſſi funeſtes au commerce ?
Je ne puis le penſer ; & je crois, au contraire,
que cette occaſion doit déterminer le Gouvernement, ou a réformer tout-à-fait les Loix ſur
cette matière, d'après les vrais principes, ou
du moins à fixer d'une manière à faire ceſſer
tout arbitraire, la Juriſprudence qui doit tem-
pérer la rigueur des Loix exiſtantes. Je crois,
enfin, que, dans tous les cas, il eſt juſte &
néceſſaire de venir au ſecours du commerce
& des particuliers mal-à-propos vexés, par ce
qui s'eſt paſſé à Angoulême, & de les faire jouir

du moins des tempéramens que la Jurifprudence générale apporte à la févérité des Loix & de la liberté qu'elle laiffe à cet égard aux opérations du commerce.

X V I I.

Motifs qui engagent à envifager les vrais principes de cette matière en eux-mêmes , & en faifant abftraction pour le moment des tempéramens que les circonftances peuvent exiger.

Quand je parle de changer les Loix & de les ramener entièrement aux vrais principes de la matière, je ne me diffimule point les obftacles que peuvent mettre à cette réforme les préjugés d'une partie des Théologiens & des Magiftrats ; je fens tout ce que les circonftances peuvent commander de lenteur , de circonfpection , de timidité même. Ce n'eft point à moi à examiner à quel point la théorie doit céder dans la pratique à des ménagemens néceffaires ; mais je n'en crois pas moins utile de fixer entièrement fes idées fur le véritable point de vue fous lequel on doit envifager la matière de l'intérêt de l'argent, & les conventions auxquelles on a donné le nom d'ufure. Il faut connoître les vrais principes lors même qu'on eft obligé de s'en écarter ; afin de favoir du moins préci-

fément à quel point on s'en écarte ; afin de ne
s'en écarter exactement qu'autant que la néceffité l'exige ; afin de ne pas du moins fuivre les
conféquences d'un préjugé qu'on craint de ren-
verfer , comme on fuivroit celles d'un principe
dont la vérité feroit reconnue.

X V I I I.

Examen & développement des vrais principes du droit naturel, fur la matière de l'intérêt de l'argent.

C'EST d'après ce point de vue que je hafarde
d'entrer ici dans une difcuffion affez étendue ,
pour faire voir le peu de fondement des opinions de ceux qui ont condamné l'intérêt du
prêt fait fans aliénation du capital , & la fixation de cet intérêt par la feule convention. Quoique les lumières des perfonnes auxquelles ce Mémoire eft deftiné , puffent & duffent peut-être
me difpenfer d'appuyer fur des raifonnemens
dont l'évidence eft, pour ainfi dire, trop grande ;
la multitude de ceux qui confervent les préjugés
que j'ai à combattre , & les motifs refpectables
qui les y attachent , m'excuferont auprès d'elles ;
& je fuis perfuadé que ceux dont j'attaque les
opinions auront beaucoup plus de peine à me
pardonner.

X I X.

*Preuve de la légitimité du prêt à intérêt, tirée
du befoin abfolu que le commerce en a ; dé-
veloppement de cette néceffité.*

C'est d'abord une preuve bien forte contre
les principes adoptés par les Théologiens rigo-
riftes, fur la matière du prêt à intérêt, que la
néceffité abfolue de ce prêt, pour la profpérité
& pour le foutien du commerce ; car quel homme
raifonnable & religieux en même temps, peut
fuppofer que la divinité ait interdit une chofe
abfolument néceffaire à la profpérité des Sociétés ? Or, la néceffité du prêt à intérêt pour le
commerce, &, par conféquent, pour la fociété
civile, eft prouvée d'abord par la tolérance que
le befoin abfolu du commerce a forcé d'accorder
à ce genre de négociations, malgré les préjugés
rigoureux & des Théologiens & des Jurifconfultes : cette néceffité eft d'ailleurs une chofe
évidente par elle même. J'ai déjà dit, qu'il n'y
a pas fur la terre une place de commerce, où la
plus grande partie des entreprifes ne roulent fur
l'argent emprunté ; il n'eft pas un feul Négociant, peut-être, qui ne foit fouvent obligé de
recourir à la bourfe d'autrui : le plus riche en

capitaux ne pourroit même s'affurer de n'avoir
jamais befoin de cette reffource qu'en gardant
une partie de fes fonds oififs, & en diminuant
par conféquent l'étendue de fes entreprifes. Il
n'eft pas moins evident que ces capitaux étrangers, néceffaires à tous les Négocians, ne peuver t
leur être confiés par les propriétaires, qu'autant
que ceux-ci y trouveront un avantage capable
de les dédommager de la privation d'un argent
dont ils pourroient ufer, & des rifques attachés à toute entreprife de commerce. Si l'argent prêté ne rapportoit point d'intérêt, on ne
le prêteroit point ; fi l'argent prêté pour des
entreprifes incertaines ne rapportoit pas un intérêt plus fort que l'argent prêté fur de bonnes
hypothèques, on ne prêteroit jamais d'argent à
des Négocians. S'il étoit défendu de retirer des
intérêts d'un argent qui doit rentrer à des échéan-
ces fixes ; tout argent, dont le propriétaire pré-
voiroit avoir befoin dans un certain temps, fans
en avoir un befoin actuel, feroit perdu pendant
cet intervalle pour le commerce : il refteroit oi-
fif dans les coffres du propriétaire, qui n'en a
pas befoin, & feroit comme anéanti pour celui
qui en auroit un befoin urgent. L'exécution rigoureufe d'une pareille défenfe enlèveroit à la
circulation des fommes immenfes, que la con-

fiance de les retrouver au befoin y fait verfer à
l'avantage réciproque des prêteurs & des emprunteurs ; & le vuide s'en feroit néceffairement
fentir, par le hauffement de l'intérêt de l'argent,
& par la ceffation d'une grande partie des entreprifes de commerce.

X X.

Néceffité d'abandonner la fixation de l'intérêt
dans le commerce aux conventions des Négo-
cians , & aux cours des différentes caufes qui
le font varier ; indication de ces caufes.

Il eft donc d'une néceffité abfolue ; pour en-
tretenir la confiance & la circulation de l'argent , fans laquelle il n'eft point de commerce,
que le prêt d'argent à intérêt fans aliénation du
capital , & à un taux plus fort que le denier fixé
pour les rentes conftituées, foit autorifé dans le
commerce. Il eft néceffaire que l'argent y foit
confidéré comme une véritable marchandife dont
le prix dépend de la convention, & varie comme
celui de toutes les autres marchandifes, à raifon
du rapport de l'offre à la demande. L'intérêt,
étant le prix de l'argent prêté, il hauffe quand
il y a plus d'emprunteurs & moins de prêteurs,
il baiffe au contraire quand il y a plus d'argent

offert à prêter, qu'il n'en est demandé à emprunter. C'est ainsi que s'établit le prix courant de l'intérêt ; mais ce prix courant n'est pas l'unique règle qu'on suive, ni qu'on doive suivre pour fixer le taux de l'intérêt dans les négociations particulières. Le risque que peut courir le capital dans les mains de l'emprunteur, le besoin de celui-ci, & les profits qu'il espère tirer de l'argent qu'on lui prête, sont des circonstances, qui, en se combinant diversement entr'elles, & avec le prix de l'intérêt, doivent souvent emporter le taux plus haut qu'il ne l'est dans le cours ordinaire du commerce. Il est assez évident qu'un prêteur ne peut se déterminer à risquer son capital, que par l'appât d'un profit plus grand, & il ne l'est pas moins que l'emprunteur se déterminera à payer un intérêt d'autant plus fort que ses besoins seront plus urgents, & qu'il espérera tirer de cet argent un plus grand profit.

X X I.

Les inégalités du taux, à raison de l'inégalité des risques, n'ont rien que de juste.

QUE peut-il y avoir à cela d'injuste ? Peut-on exiger d'un propriétaire d'argent qu'il risque son fonds, sans aucun dédommagement ? Il peut ne pas prêter, dit-on : sans doute ; & c'est cela même qui prouve qu'en prêtant, il peut exiger un profit proportionné à son risque. Car, pourquoi voudroit-on priver celui qui, en empruntant, ne peut donner de sûretés, d'un secours dont il a un besoin absolu ? Pourquoi voudroit-on lui ôter les moyens de tenter des entreprises dans lesquelles il espère s'enrichir ? Aucune Loi, ni civile ni religieuse, n'oblige personne à lui procurer des secours gratuits ; pourquoi la Loi civile ou religieuse défendroit-elle de lui en procurer au prix auquel il consent de les payer pour son propre avantage ?

X X I I.

La légitimité du prêt à intérêt est indépendante des suppositions de profit cessant, ou naissant.

L'IMPOSSIBILITÉ absolue de faire subsister le commerce sans le prêt à intérêt, n'a pu être méconnue par ceux mêmes qui affectent le plus de le condamner. La plupart ont cherché à éluder la rigueur de leurs propres principes par des distinctions & des subterfuges scholastiques, de profit cessant pour le prêteur, de profit naissant pour l'emprunteur ; comme si l'usage que l'acheteur fait de la chose vendue étoit une circons-

tance essentielle à la légitimité du prix ; comme
fi le propriétaire d'un meuble qui n'en fait aucun usage , étoit obligé à l'alternative de le donner ou de le garder ; comme fi le prix que le
boulanger retire du pain qu'il vend n'étoit pas
également légitime , soit que l'acheteur s'en nour-
risse , soit qu'il le laisse perdre. Si l'on veut que
la fimple possibilité de l'usage lucratif de l'argent
fuffise pour en légitimer l'intérêt, cet intérêt fera
légitime dans tous les cas ; car il n'y en a aucun
où le prêteur & l'emprunteur ne puissent toujours
s'ils le veulent faire de leur argent, quelque emploi lucratif. Il n'est aucun argent , avec lequel
on ne puisse ou se procurer un immeuble qui
porte un revenu, ou faire un commerce qui
donne un profit ; ce n'est assurément pas la peine
d'établir en thèse générale que le prêt à intérêt
est défendu , pour établir en même temps un
principe d'où résulte une exception aussi générale que la prétendue règle.

X X I I I.

*La légitimité du prêt à intérêt est une conséquence
immédiate de la propriété qu'a le prêteur de
la chose qu'il prête.*

MAIS ce ne font point ces vaines subtilités
qui

qui rendent légitime le prêt à intérêt ; ce n'eſt pas même ſon utilité , ou plutôt la néceſſité dont il eſt pour le ſoutien du commerce ; il eſt licite par un principe plus général & plus reſpectable encore , puiſqu'il eſt la baſe ſur laquelle porte tout l'édifice des ſociétés ; je veux dire par le droit inviolable attaché à la propriété d'être maître abſolu de ſa choſe , de ne pouvoir en être dépouillé que de ſon conſentement , & de pouvoir mettre à ſon conſentement telle condition que l'on juge à propos. Le propriétaire d'un effet quelconque peut le garder , le donner , le vendre , le prêter gratuitement , ou le louer , ſoit pour un temps certain , ſoit pour un temps indéfini. S'il vend ou s'il loue , le prix de la vente ou du louage n'eſt limité que par la volonté de celui qui achète ou qui prend à loyer ; & tant que cette volonté eſt parfaitement libre , & qu'il n'y a pas d'ailleurs de fraude de la part de l'une ou de l'autre partie , le prix eſt toujours juſte , & perſonne n'eſt léſé. Ces principes ſont avoués de tout le monde , quand il s'agit de toute autre choſe que de l'argent ; & il eſt évident qu'ils ne ſont pas moins applicables à l'argent qu'à toute autre choſe. La propriété de l'argent n'eſt pas moins abſolue que celle d'un meuble , d'une pièce d'étoffe , d'un diamant ;

C

celui qui le possède n'est pas plus tenu de s'en dépouiller gratuitement : le donner, le prêter gratuitement est une action louable que la générosité inspire, que l'humanité & la charité exigent quelquefois, mais qui n'est jamais de l'ordre de la justice rigoureuse. On peut aussi ou donner ou prêter toutes sortes de denrées, & on le doit aussi dans certains cas. Hors de ces circonstances, où la charité exige qu'on se dépouille soi-même pour secourir les malheureux, on peut vendre son argent, & on le vend en effet lorsqu'on le donne en échange de toute autre marchandise ; on le vend, lorsqu'on le donne en échange d'un fonds de terre ou d'un revenu équivalent, comme quand on le place à constitution ; on le vend contre de l'argent, lorsqu'on donne de l'argent dans un lieu pour en recevoir dans un autre, espèce de négociation connue sous le nom de change de place en place, & dans laquelle on donne moins d'argent dans un lieu, pour en recevoir plus dans un autre ; comme, dans la négociation du prêt à intérêt, on donne moins d'argent dans un temps pour en recevoir davantage dans un autre, parce que la différence du temps, comme celle des lieux, mettent une différence réelle dans la valeur de l'argent.

X X I V.

*La propriété de l'argent emporte le droit de le
vendre, & le droit d'en tirer un loyer.*

Puisqu'on vend l'argent comme tout autre
effet, pourquoi ne le loueroit-on pas comme
tout autre effet ? & l'intérêt, n'étant que le
loyer de l'argent prêté pour un temps, pourquoi
ne seroit-il pas permis de le recevoir ? Par quel
étrange caprice la morale ou la loi prohibe-
roient-elles un contrat libre entre deux parties,
qui toutes deux y trouvent leur avantage ; &
peut-on douter qu'elles ne l'y trouvent, puisqu'elles n'ont pas d'autre motif pour s'y déterminer ? Pourquoi l'emprunteur offriroit-il un
loyer de cet argent pour un temps, si, pendant
ce temps, l'usage de cet argent ne lui étoit avantageux ? Et, si l'on répond que c'est le besoin
qui le force à se soumettre à cette condition,
est-ce que ce n'est pas un avantage que la sa-
tisfaction d'un véritable besoin ? est-ce que ce
n'est pas le plus grand de tous ? c'est aussi le
besoin qui force un homme à prendre du pain
chez un boulanger ; le boulanger en est-il moins
en droit de recevoir le prix du pain qu'il vend ?

X X V.

Fausses idées des Scholastiques sur la prétendue stérilité de l'argent ; Fausses conséquences qu'ils en ont tirées contre la légitimité de l'intérêt.

Ces notions sont si simples, elles sont d'une évidence si palpable, qu'il semble que les détails dans lesquels on entre pour les prouver, ne puissent que les affoiblir, en fatiguant l'attention ; & l'on a peine à concevoir comment l'ignorance & quelques fausses subtilités ont pu les obscurcir. Ce sont les Théologiens scholastiques qui ont introduit les préjugés qui règnent encore chez beaucoup de personnes sur cette matière. Ils sont partis d'un raisonnement qu'on dit être dans Aristote ; & , sous prétexte que l'argent ne produit point d'argent, ils en ont conclu qu'il n'étoit pas permis d'en retirer par la voie du prêt. Ils oublioient qu'un bijou, un meuble, & tout autre effet, à l'exception des fonds de terre & de bestiaux, sont aussi stériles que l'argent, & que cependant personne n'a jamais imaginé qu'il fût défendu d'en tirer un loyer ; ils oublioient que la prétendue stérilité de l'argent, si l'on pouvoit en conclure quelque chose, rendroit l'intérêt d'un capital aliéné

à perpétuité , auffi criminel que l'intérêt du capital aliéné à temps ; ils oublioient que cet argent prétendu ftérile eft chez tous les peuples
du monde l'équivalent , non pas feulement de
toutes les marchandifes , de tous les effets mo-
biliers ftériles comme lui , mais encore des fonds
de terre qui produifent un revenu très-réel ; ils
oublioient que cet argent eft l'inftrument néceffaire de toutes les entreprifes d'agriculture , de
fabrique de commerce ; qu'avec lui l'agriculteur,
le fabriquant, le négociant fe procurent des profits immenfes , & ne peuvent fe les procurer fans
lui ; que , par conféquent , fa prétendue ftérilité
dans le commerce , n'eft qu'une erreur palpable ,
fondée fur une miférable équivoque ; ils oublioient , enfin , ou ils ignoroient que la légitimité du prix qu'on retire , foit de la vente , foit
du loyer d'une chofe quelconque , n'eft fondée
que fur la propriété qu'a de cette chofe celui
qui la vend ou qui la loue , & non fur aucun
autre principe.

Ils ont encore employé un autre raifonnement
qu'un jurifconfulte , d'ailleurs très-eftimable ,
(M. Pothier d'Orléans), s'eft attaché à développer
dans fon Traité des Contrats de bienfaifance, &
auquel je m'arrêterai par cette raifon.

X X V I.

Autre raisonnement contre la légitimité de l'in-
térêt, tiré de ce que la propriété de l'argent
passe à l'emprunteur au moment du prêt, d'où
l'on conclud qu'il ne peut rien devoir au prê-
teur, pour l'usage qu'il en fait.

« L'ÉQUITÉ, dit-il, veut que dans un contrat
» qui n'est pas gratuit, les valeurs données de
» part & d'autres soient égales, & que chacune
» des parties ne donne pas plus qu'elle n'a reçu,
» & ne reçoive pas plus qu'elle n'a donné. Or,
» tout ce que le prêteur exige dans le prêt au-
» delà du sort principal, est une chose qu'il re-
» çoit au-delà de ce qu'il a donné, puisqu'en
» recevant le sort principal seulement, il reçoit
» l'équivalent exact de ce qu'il a donné.

» On peut, à la vérité, exiger, pour les choses
» dont on peut user sans les détruire, un loyer ;
» parce que cet usage pouvant être, du moins
» par l'entendement, distingué d'elles-mêmes,
» est appréciable ; il a un prix distingué de la
» chose : d'où il suit que lorsque j'ai donné à
» quelqu'un une chose de cette nature pour s'en
» servir, je peux en exiger le loyer, qui est le
» prix de l'usage que je lui en ai accordé, outre

» la restitution de la chose qui n'a pas cessé de
» m'appartenir.

» Mais il n'en est pas de même des choses
» qui se consomment par l'usage, & que les Ju-
» risconsultes appellent *choses fungibles*. Comme
» l'usage qu'on en fait les détruit, on n'y peut
» pas concevoir un usage de la chose outre la
» chose même, & qui ait un prix outre celui
» de la chose ; d'où il suit qu'on ne peut céder
» à quelqu'un l'usage d'une chose, sans lui cé-
» der entièrement la chose, & lui en transférer
» la propriété.

» Quand je vous prête une somme d'argent
» pour vous en servir, à la charge de m'en rendre
» autant, vous ne recevez de moi que cette
» somme d'argent, & rien de plus. L'usage que
» vous aurez de cette somme d'argent est ren-
» fermé dans le droit de propriété que vous
» acquérez de cette somme ; ce n'est pas quelque
» chose que vous ayez outre la somme d'argent,
» ne vous ayant donné que la somme d'argent,
» & rien de plus : je ne peux donc exiger de
» vous rien de plus que cette somme, sans
» blesser la justice, qui ne veut pas qu'on exige
» plus qu'on a donné ».

M. Pothier a soin d'avertir que ce raisonne-
men tentre dans un argument employé par Saint

Thomas-d'Aquin, qui, fe fondant fur le même principe, que les chofes fungibles, qui font la matière du prêt, n'ont point un ufage qui foit diftingué de la chofe même, en conclud que vendre cet ufage, en exigeant l'intérêt, c'eft vendre une chofe qui n'exifte pas, ou bien exiger deux fois le prix de la même chofe, puifque le principal rendu eft exactement l'équivalent de la chofe prêtée ; & que n'y ayant aucune valeur donnée au-delà de la chofe prêtée, l'intérêt qu'on recevroit au-delà en feroit un double prix.

X X V I I.

Réfutation de ce raifonnement.

Ce raifonnement n'eft qu'un tiffu d'erreurs & d'équivoques faciles à démêler.

La première propofition, que dans tout contrat aucune des parties ne peut, fans injuftice, exiger plus qu'elle n'a donné, a un fondement vrai ; mais la maniere dont elle eft énoncée renferme un fens faux & qui peut induire en erreur. Dans tout échange de valeur contre valeur (& toute convention proprement dite, ou à titre onéreux, peut être regardée comme un échange de cette efpèce), il y a un fens du mot *valeur* dans lequel la valeur eft toujours égale

de part & d'autre ; mais ce n'eſt point par un
principe de juſtice, c'eſt parce que la choſe ne
peut être autrement. L'échange étant libre de
part & d'autre, ne peut avoir pour motif que
la préférence que donne chacun de, contraſtans
à la choſe qu'il reçoit ſur celle qu'il donne. Cette
préférence ſuppoſe que chacun attribue à la choſe
qu'il acquiert, une plus grande valeur qu'à la
choſe qu'il cede relativement à ſon utilité per-
ſonnelle, à la ſatisfaſtion de ſes beſoins ou de
ſes deſirs. Mais cette différence de valeur eſt
égale de part & d'autre ; c'eſt cette égalité qui
fait que la préférence eſt exaſtement réciproque
& que les parties ſont d'accord. Il ſuit de là
qu'aux yeux d'un tiers les deux valeurs échangées
ſont exaſtement égales l'une à l'autre ; & que
par conſéquent dans tout commerce d'homme à
homme on donne toujours valeur égale pour
valeur égale. Mais cette valeur dépend uniquement de l'opinion des deux contraſtans ſur le
dégré d'utilité des choſes échangées pour la ſatiſ-
faſtion de leurs deſirs ou de leurs beſoins :
elle n'a en elle même aucune réalité, ſur laquelle ou puiſſe ſe fonder pour prétendre que
l'un des deux contraſtans a fait tort à l'autre.
S'il n'y avoit que deux échangeurs, les conditions de leur marché ſeroient entièrement

arbitraires ; & à moins que l'un des deux n'eût employé la violence ou la foudre , les conditions de l'échange ne pourroient en aucune manière intéresser la morale. Quand il y a plusieurs échangeurs , comme chacun d'eux est intéressé à ne pas acheter plus cher de l'un , ce qu'un autre consent à lui donner à meilleur marché , il s'établit par la comparaison de la totalité des offres à la totalité des demandes , une valeur courante, qui ne diffère de celle qui s'étoit établie dans l'échange entre deux hommes seuls , que parce qu'elle est le milieu entre les différentes valeurs qui auroient résulté du débat entre les contractans de chaque échange considéré à part. Mais cette valeur moyenne ou courante n'acquiert aucune réalité indépendante de l'opinion de la comparaison des besoins réciproques : elle ne cesse pas d'être continuellement variable, & il ne peut en résulter aucune obligation de donner telle ou telle marchandise, pour tel ou tel prix. Le propriétaire est toujours le maître de la garder , & par conséquent de fixer les conditions sous lesquelles il consent à s'en dessaisir.

Il est bien vrai que dans un commerce animé & exercé par une foule de mains, chaque vendeur & chaque acheteur en particulier entre pour fi peu dans la formation de cette opinion générale & dans l'évaluation courante qui en réfulte, que cette évaluation peut être regardée comme un fait indépendant d'eux, & dans ce fens l'ufage autorife à appeller cette valeur courante la vraie valeur de la chofe ; mais cette expreffion plus commode que précife ne pouvant altérer en rien le droit abfolu que la propriété donne au vendeur fur la marchandife, & à l'acheteur fur l'argent, l'on ne peut en conclure que cette valeur puiffe fervir de fondement à aucune règle morale ; & il refte exactement vrai que les conditions de tout échange ne peuvent être injuftes qu'autant que la violence ou la fraude y ont influé.

Qu'un jeune étranger arrive dans une ville, & que pour fe procurer les chofes dont il a befoin, il s'adreffe à un marchand fripon ; fi celui-ci abufe de l'ignorance de ce jeune homme en lui vendant au double de la valeur courante, ce marchand commet certainement une injuftice envers ce jeune homme. Mais en quoi confifte cette injuftice ? eft-ce en ce qu'il lui a fait payer la chofe au de-là de fa valeur réelle & intrinfèque ? non ; car cette chofe n'a point, à proprement parler, de valeur réelle & intrinfèque, à moins qu'on n'entende par-là le prix qu'elle a coûté

au vendeur (prix qui n'eſt point la valeur de
la choſe dans le commerce , ſa valeur vénale
uniquement fixée par le rapport de l'offre à la
demande). La même choſe qui vaut aujourd'hui
dans le commerce un louis , ne vaudra peut-
être dans quinze jours que douze francs , parce
qu'il en ſera arrivé une grande quantité , ou
ſeulement parce que l'empreſſement de la nou-
veauté ſera paſſé. Si donc ce jeune homme a été
léſé c'eſt par une autre raiſon ; c'eſt parce qu'on
lui a fait payer ſix francs dans une boutique , ce
qu'il auroit eu pour trois livres dans la boutique
voiſine , & dans toutes les autres de la ville ,
c'eſt parce que cette valeur courante de trois livres
eſt une choſe notoire ; c'eſt parce que par une
eſpèce de convention tacite & générale , lorſqu'on demande à un marchand le prix d'une
marchandiſe , on lui demande ce prix courant ;
c'eſt parce que quiconque ſoupçonneroit le moins
du monde, la ſincérité de ſa réponſe , pourroit
la vérifier ſur le champ ; & que par conſéquent
il ne peut demander un autre prix ſans abuſer
de la confiance avec laquelle on s'en eſt rapporté
à lui ſans manquer , en un mot , à la bonne foi.
Ce cas rentre donc dans celui de la fraude , &
c'eſt à ce titre ſeul qu'il eſt condamnable. On dit &
l'on doit dire que ce marchand a trompé , mais

non qu'il a volé ; ou si l'on se sert quelquefois de
cette dernière expression , ce n'est que dans un
sens impropre & métaphorique.

Il faut conclure de cette explication que dans
tout échange , dans toute convention qui a pour
base deux conditions réciproques , l'injustice ne
peut être fondée que sur la violence, la fraude,
la mauvaise foi , l'abus de confiance , & jamais
sur une prétendue inégalité méthaphysique entre
la chose reçue & la chose donnée.

La seconde proposition du raisonnement que
je combats est encore fondée sur une équivoque
grossière, & sur une supposition qui est précisément ce qui est en question. Ce que le prêteur
exige , dit-on , au-delà du sort principal, est une
chose qu'il reçoit au-delà de ce qu'il a donné,
puisqu'en recevant le sort principal seulement ,
il reçoit l'équivalent exact de ce qu'il a donné.
Il est certain qu'en rendant le sort principal ,
l'emprunteur rendra précisément le même poids
de métal que le prêteur lui avoit donné. Mais
où nos raisonneurs ont-ils vu qu'il ne fallût
considérer dans le prêt que le poids du métal
prêté & rendu , & non la valeur , ou plutôt
l'utilité dont il est pour celui qui prête & pour
celui qui emprunte? où ont-ils vu que pour fixer
cette valeur il fallût n'avoir égard qu'au poids

du métal livré dans les deux époques différentes, sans comparer la différence d'utilité qui se trouve à l'époque du prêt entre une somme possédée actuellement & une somme égale qu'on recevra dans une époque éloignée. Cette différence n'est-elle pas notoire , & le proverbe trivial *un tiens vaut mieux que deux tu l'auras* , n'est-il pas l'expression naive de cette notoriété ? Or si une somme actuellement possédée vaut mieux ; si elle est plus utile , si elle est préférable à l'assurance de recevoir une pareille somme dans une ou plusieurs années , il n'est pas vrai que le prêteur reçoive autant qu'il donne lorsqu'il ne stipule point l'intérêt ; car il donne de l'argent & ne reçoit qu'une assurance. Or s'il reçoit moins , pourquoi cette différence ne seroit-elle pas compensée par l'assurance d'une augmentation sur la somme , proportionnée au retard ? cette compensation est précisément l'intérêt de l'argent.

On est tenté de rire quand on entend des gens raisonnables , & d'ailleurs éclairés , fonder sérieusement la légitimité du loyer des choses qui ne se consomment point par l'usage , sur ce que cet usage pouvant être distingué de la chose, du moins par l'entendement, est appréciable , & soutenir que le loyer des choses qui se

détruifent par l'ufage eft illégitime, parce qu'on
n'y peut pas concevoir un ufage diftingué de la
chofe ; c'eft bien par de pareilles abftractions
qu'il faut appuyer les règles de la morale &
de la probité. Eh non, non, les hommes n'ont
pas befoin d'être métaphyficiens pour être honnêtes gens. Les règles morales pour juger de la
légitimité des conventions fe fondent , comme
les conventions-elles mêmes , fur l'avantage
réciproque des parties contractantes, & non fur
les qualités intrinfèques & métaphyfiques des
objets du contrat, lorfque ces qualités ne chan-
gent rien à l'avantage des parties. Ainfi quand
j'ai loué un diamant , j'ai confenti à en payer
le loyer, parce que ce diamant m'a été utile ;
& ce loyer n'en eft pas moins légitime , quoique je rende ce diamant , & que ce diamant
ait la même valeur que lorfque je l'avois reçu.
Par la même raifon j'ai pû confentir à payer un
loyer de l'argent dont je m'engage à rendre
dans un certain temps une égale quantité ,
parce que quand je le rendrai j'en aurai tiré
une utilité ; & ce loyer pourra être reçu auffi légi-
timement dans un cas que dans l'autre , puifque
mon utilité eft la même dans les deux cas. La
circonftance que l'argent rendu n'eft pas précifément l'argent qui m'avoit été livré , eft abfo-

lument indifférente à la légitimité du loyer ;
puisqu'elle ne change rien à l'utilité réelle que
j'en ai tiré , & que c'est cette utilité seule que
je paye lorsque je paye un loyer ; qu'importe
que ce que je rends soit précisément la même
chose qui m'avoit été livrée , puisque celle que
je rends a précisément la même valeur ? Ce
que je rends dans les deux cas n'est-il pas toujours
exactement l'équivalent de ce que j'ai reçu ; &
si j'ai payé dans un cas la liberté de m'en servir
dans l'intervalle , en quoi suis-je lésé de la
payer dans l'autre ? Quoi ! l'on aura pû me faire
payer la mince utilité que j'aurai retirée d'un
meuble ou d'un bijou , & ce sera un crime de
me faire payer l'avantage immense que j'aurai
retiré de l'usage d'une somme d'argent pendant
le même temps , & cela parce que l'entendement subtil d'un Jurisconsulte peut dans un
cas séparer de la chose son usage , & ne le
peut pas dans l'autre ? Cela est en vérité trop
ridicule.

Mais, disent nos raisonneurs , & il faut les
suivre dans leur dernier retranchement , l'on
ne peut pas me faire payer cet usage de l'argent,
parce que cet argent étoit à moi ; j'en étois
propriétaire , parce qu'il est de la nature du prêt
des choses fungibles que la propriété en soit
transportée

tranfportée par le prêt ; fans quoi elles feroient
inutiles à l'emprunteur.

Miférable équivoque encore ! Il eft vrai que
l'emprunteur devient propriétaire de l'argent
confidéré phyfiquement comme une certaine
quantité de métal. Mais eft-il vraiment propriétaire de la valeur de cet argent ? Non fans
doute, puifque cette valeur ne lui eft confiée
que pour un temps, & pour la rendre à l'é-
chéance. D'ailleurs, fans entrer dans cette difcuffion qui fe réduit à une vraie queftion de nom,
que peut-on conclure de la propriété que j'ai,
dit-on, de cet argent ? Cette propriété, ne la
tiens-je pas de celui qui m'a prêté l'argent ?
N'eft-ce pas par fon confentement que je l'ai
obtenue, & ce confentement, les conditions
n'en ont-elles pas été réglées entre lui & moi ?
A la bonne heure, que l'ufage que je ferai de
cet argent foit l'ufage de ma chofe ; que l'utilité
qui m'en reviendra foit un acceffoire de ma
propriété. Tout cela fera vrai, mais quand ?
quand l'argent fera à moi, quand cette propriété m'aura été tranfmife ; & quand me l'aura-
t-elle été ? quand je l'aurai achetée & payée.
Or, à quel prix acheterai-je cette propriété ?
Qu'eft-ce que je donne en échange ? N'eft-il pas
évident que c'eft l'engagement que je prends

D

de rembourfer à une certaine échéance une certaine fomme quelle qu'elle foit ? N'eft-il pas tout auffi évident que fi cette fomme n'eft qu'exactement égale à celle que je reçois, mon engagement ne fera pas l'équivalent de la propriété que j'acquiers dans le moment actuel ? N'eft-il pas évident que, pour fixer cet équivalent de façon que notre avantage foit égal de part & d'autre, nous devons avoir égard à l'utilité dont me fera cette propriété que j'acquiers & que je n'ai point encore, & à l'utilité dont cette propriété pourroit être au prêteur, pendant le temps qu'il en fera privé ? Le raifonnement des Jurifconfultes prouvera fi l'on veut que je ne dois pas payer l'ufage d'une chofe, lorfque j'en ai déjà acquis la propriété ; mais il ne prouve pas que je n'aye pu, en me déterminant à acquérir cette propriété, en fixer le prix, d'après la confidération de cet ufage attaché à la propriété. En un mot, tous ces raifonnemens fuppofent toujours ce qui eft en queftion, c'eft-à-dire, que l'argent reçu aujourd'hui, & l'argent qui doit être rendu dans un an font deux chofes parfaitement égales. Les Auteurs qui raifonnent ainfi oublient que ce n'eft pas la valeur de l'argent, lorfqu'il aura été rendu, qu'il faut comparer avec la valeur de l'argent, au moment où il eſt prêté ; mais que c'eſt la valeur de la promeſſe d'une ſomme d'argent, qu'il faut comparer avec une ſomme d'argent effective. Ils ſuppoſent que c'eſt l'argent rendu, qui eſt dans le contrat de prêt, l'équivalent de l'argent prêté ; & ils ſupppoſent en cela une choſe abſurde, car c'eſt au moment du contrat, qu'il faut conſidérer les conditions reſpectives ; & c'eſt dans ce moment qu'il faut en établir l'égalité. Or, au moment du prêt, il n'exiſte certainement qu'une ſomme d'argent d'un côté, & une promeſſe de l'autre. Si ces Meſſieurs ſuppoſent qu'une ſomme de mille francs & une promeſſe de mille francs ont préciſément la même valeur, ils font une ſuppoſition plus abſurde encore ; ſi ces deux choſes étoient équivalentes, pourquoi emprunteroit-on ?

Il eſt bien ſingulier qu'ils partent du principe de l'égalité de valeur qui doit avoir lieu dans les conventions, pour établir un ſyſtème ſuivant lequel l'avantage eſt tout entier pour une des parties, & entièrement nul pour l'autre. Rien n'eſt aſſurément plus palpable ; car, quand on me rend, au bout de quelques années, un argent que j'ai prêté ſans intérêt, il eſt bien clair que je n'ai rien gagné, & qu'après avoir été privé de ſon uſage & avoir riſqué de le perdre, je n'ai précifément que ce que j'aurois ; fi je l'avois gardé pendant ce temps dans mon coffre. Il n'eft pas moins clair que l'emprunteur a tiré avantage de cet argent, puifqu'il n'a eu d'autre motif pour l'emprunteur que cet avantage. J'aurai donc donné quelque chofe pour rien. J'aurai été généreux ; mais fi par ma générofité j'ai donné quelque chofe de réel, j'ai donc pu le vendre fans injuftice.

C'eft faire bien de l'honneur aux fophifmes frivoles des adverfaires du prêt à intérêt, que de les réfuter auffi au long que je l'ai fait. De pareils raifonnemens n'ont certainement jamais perfuadé perfonne ; mais quand on eft perfuadé par le préjugé de l'éducation, par des autorités qu'on refpecte, par la connexité fuppofée d'un fyftême avec des principes confacrés, alors on fait ufage de toutes les fubtilités imaginables pour défendre des opinions auxquelles on eft attaché ; on n'oublie rien pour fe faire illufion à foi-même, & les meilleurs efprits en viennent quelquefois à bout.

X X V I I I.

Examen & réfutation des argumens qu'on tire de l'Ecriture contre la légitimité du prêt à intérêt.

Il est vraisemblable que les Jurisconsultes n'auroient pas pris tant de peine pour obscurcir les notions simples du bon sens, si les Théologiens scolastiques ne les avoient entraînés dans cette fausse route, & ne leur avoient persuadé que la Religion proscrivoit absolument le prêt à intérêt. Ceux-ci, pleins de leurs préjugés, ont cru en avoir la confirmation dans le fameux passage de l'Evangile : *mutuum date nihil indè sperantes* ; *prêtez , sans en espérer aucun avantage.* (S. Luc, chap. 6, verset 3 5). Des gens de bon sens n'auroient vu dans ce passage qu'un précepte de charité. Tous les hommes doivent se secourir les uns les autres. Un homme riche qui, voyant son semblable dans la misère, au lieu de subvenir à ses besoins, lui vendroit ses secours, manqueroit aux devoirs du Christianisme & à ceux de l'humanité. Dans de pareilles circonstances, la charité ne prescrit pas seulement de prêter sans intérêt ; elle ordonne de prêter & de donner s'il le faut ; faire de ce précepte de charité un précepte de justice rigoureuse, c'est choquer également la raison & le sens du texte. Ces mêmes Théologiens ne prétendent pas que ce soit un devoir de justice de prêter son argent. Il faut donc qu'ils conviennent que les premiers mots du passage *mutuum date* ne renferment qu'un précepte de charité. Or, je demande pourquoi ils veulent que la fin du passage s'entende d'un devoir de justice. Quoi ! le prêt lui-même ne sera pas un précepte rigoureux, & l'accessoire, la condition du prêt en sera un ? Jesus-Christ aura dit aux hommes : « Il vous est libre de prêter, ou de ne pas » prêter ; mais si vous prêtez, gardez-vous bien » de retirer aucun intérêt de votre argent : & » quand même un négociant vous en deman- » deroit pour une entreprise dans laquelle il » espère faire de grands profits, ce seroit un » crime à vous d'accepter l'intérêt qu'il vous » offre. Il faut absolument, ou lui prêter gra- » tuitement, ou ne lui point prêter du tout. » Vous avez à la vérité un moyen de rendre » l'intérêt légitime ; c'est de prêter votre ca- » pital pour un temps indéfini, & de renoncer » à en exiger le remboursement que votre dé- » biteur vous fera, quand il voudra ou quand

» il pourra. Si vous y trouvez de l'inconvénient
» du côté de la sûreté, ou si vous prévoyez que
» vous aurez besoin de votre argent dans un
» certain nombre d'années, vous n'avez pas
» d'autre parti à prendre que de ne point prêter.
» Il vaut mieux laisser manquer à ce négo-
» ciant l'occasion la plus précieuse, que de
» commettre un péché pour la lui faciliter ».
Voilà ce que les Théologiens rigoristes ont vû
dans ces cinq mots, *mutuum date nihil indè
sperantes*, parce qu'ils les ont lus avec les préjugés que leur donnoit une fausse méthaphysique. Tout homme qui lira ce texte sans pré-
vention y verra ce qui y est, c'est-à-dire que
Jesus-Christ a dit à ses Disciples : « Comme
» hommes, comme chrétiens, vous êtes tous
» frères, tous amis, traitez-vous en frères &
» en amis, secourez-vous dans vos besoins,
» que vos bourses vous soient ouvertes les uns
» aux autres, & nè vous vendez pas les secours
» que vous vous devez réciproquement, en
» exigeant l'intérêt d'un prêt dont la charité
» vous fait un devoir ». C'est-là le vrai sens
du passage en question. L'obligation de prêter
sans intérêt & celle de prêter sont évidem-
ment relatives l'une à l'autre. Elles sont du
même ordre, & toutes deux énoncent un de-

voir de charité, & non un précepte de juftice
rigoureufe applicable à tous les cas où l'on peut
prêter.

.On peut d'autant moins en douter, que ce
paffage fe trouve dans le même chapitre, à la
fuite de toutes ces maximes connues fous le
nom de *Confeils Evangéliques*, que tout le
monde convient n'être propofés que comme
un moyen d'arriver à une perfection à laquelle
tous ne font pas appelés, & qui, même pour
ceux qui y feroient appelés ne font point ap-
-plicables, dans leur fens littéral, à toutes les
circonftances de la vie. Faites du bien à ceux
qui vous haïffent. Béniffez ceux qui vous mau-
diffent ; fi l'on vous donne un foufflet, tendez
l'autre joue, laiffez prendre votre h·bit à celui
qui vous ôte votre tunique, donnez à quiconque vous demande ; & quand on vous ôte ce
qui eft à vous, ne le réclamez pas. C'eft après
toutes ces expreffions, & dans le même dif-
cours, qu'on lit le paffage fur le prêt gratuit,
conçu en ces termes : *Verum tamen diligite
inimicos veftros : benefacite, & mutuum date nihil
inde fperantes : & erit merces veftra multa &
eritis filii altiffimi, quià ipfe benignus eft fuper
ingratos & malos ;* « Aimez vos ennemis : foyez
» bienfaifant, & prêtez fans en efpérer aucun

» avantage, & votre récompenfe fera grande ;
» & vous ferez les fils du Très-Haut ; parce
» que lui - même fait du bien aux ingrats &
» aux méchans ». Ce paffage rapporté tout
au long en dit peut - être plus que toutes les
difcuffions auxquelles je me fuis livré ; & il
n'eft pas concevable que perfonne ne s'étant
jamais avifé de regarder les autres maximes
répandues dans ce chapitre, & que j'ai citées,
comme des préceptes de juftice rigoureufe, on
s'obftine à vouloir interprêter différemment les
expreffions qui concernent le prêt gratuit.

Il faudroit trop de temps pour développer
avec le même détail les paffages de l'ancien
Teftament, que les Théologiens citent encore
à l'appui des mêmes préjugés ; on doit les expliquer de la même manière ; &, ce qui le
prouve inconteftablement, c'eft la permiffion
expreffe dans les loix de Moïfe, de prêter à
intérêt aux étrangers. *Non fœnerabis fratri tuo
ad ufuram pecuniam, ne fruges, ne quamlibet
aliam rem fed alieno ;* tu ne prêteras point à
ton frère à intérêt, ni de l'argent, ni des fruits,
ni aucune autre chofe, mais à l'étranger. La Loi
divine n'a certainement pas pu permettre expreffément aux Juifs de pratiquer avec les étrangers, ce qui auroit été défendu par le droit

naturel. Dieu ne peut autorifer l'injuftice. Je fais que quelques Théologiens ont eu affez peu de bon fens pour dire le contraire. Mais cette réponfe vraiment fcandaleufe ne fait que prouver leur embarras, & laiffer à l'objection la force d'une vraie démonftration aux yeux de ceux, qui ont des notions faines de Dieu & de la Juftice.

X X I X.

Véritable origine de l'Opinion qui condamne le prêt à intérêt.

Il fe préfente ici une réflexion. Comment a-t-il pu arriver que malgré l'évidence & la fimplicité des principes qui établiffent la légitimité du prêt à intérêt, malgré la futilité des fophifmes qu'on a entaffés pour obfcurcir une chofe fi claire, l'opinion qui le condamne ait pu fe répandre auffi généralement, & flétrir prefque par-tout le prêt à intérêt, fous le nom d'ufure ? On conçoit aifément que l'autorité des Théologiens rigides a beaucoup contribué à étendre cette opinion, & à l'enraciner dans les efprits ; mais comment ces Théologiens eux-mêmes ont-ils pu fe tromper auffi groffièrement ? Cette erreur a fans doute une caufe, & il eft important de la développer pour ache-

ver d'approfondir le ſujet de l'uſure, & de le
conſidérer ſous toutes les faces. La ſource du
préjugé des Théologiens n'eſt pas difficile à
trouver. Ils n'ont imaginé des raiſons pour condamner l'uſure ou le prêt à intérêt, que parce
qu'elle étoit déjà flétrie par le cri des peuples
auxquels les uſuriers ont été de tout temps
odieux. Il eſt dans la nature des choſes, & des
hommes, qu'ils le deviennent. Car, quoiqu'il
ſoit doux de trouver à emprunter, il eſt dur
d'être obligé de rendre. Le plaiſir d'être ſe-
couru dans ſon beſoin paſſe avec la ſatisfaction
de ce beſoin; bientôt le beſoin renaît, la dette
reſte, & le poids s'en fait ſentir à tous les inſ-
tans, juſqu'à ce qu'on ait pu s'acquitter ; de
plus, on ne prête jamais qu'un ſuperflu, & l'on
emprunte ſouvent le néceſſaire ; & quoique la
juſtice rigoureuſe ſoit entièrement pour le prê-
teur-créancier, qui ne réclame que ce qui eſt
à lui, l'humanité, la commiſération, la faveur
penchent toujours pour le débiteur. On ſent
que celui-ci, en rendant, ſera réduit à la dernière miſère, & que le créancier peut vivre,
malgré la privation de ce qui lui eſt dû. Ce
ſentiment a lieu, lors même que le prêt a été
purement gratuit ; à plus forte raiſon, lorſque
le ſecours donné à l'emprunteur ne l'ayant été

que fous la condition d'un intérêt, il a reçu le
prêt fans reconnoiffance ; c'eft alors qu'il fouffre
avec amertume & avec indignation les pourfuites que fait contre lui fon créancier, pour
l'obliger à rendre. Dans les fociétés naiffantes,
& lorfque l'on connoiffoit à peine le commerce,
& encore aujourd'hui, dans celles où le commerce eft peu animé, l'on emprunte peu, dans
la vue de former des entreprifes lucratives, &
par conféquent l'on n'emprunte que pour fatisfaire à un befoin preffant ; il n'y a que le pauvre
ou l'homme dérangé qui emprunte, & l'un &
l'autre ne peuvent rendre qu'en conféquence
d'événemens heureux, ou par le moyen d'une
extrême économie ; par conféquent l'un & l'autre
font fouvent infolvables, & le prêteur court
des rifques d'autant plus grands. Plus le prêteur
rifque de perdre fon capital, plus il faut que
l'intérêt foit fort pour contrebalancer ce rifque
par l'appât du profit. Il faut gagner fur l'intérêt
qu'on tire du petit nombre d'emprunteurs fo-
lides, le capital & les intérèts, qu'on perdra par
la banqueroute de ceux qui ne le feront pas.
Ainfi, plus le befoin qui fait emprunter eft urgent, plus l'intérêt eft fort. C'eft par cette raifon
que l'intérêt à Rome étoit exceffif. Celui de
douze pour cent paffoit pour très-modéré. On

fait que ce même intérêt de douze pour cent
a été long-temps en France l'intérêt courant ;
avec un intérêt aussi fort, quiconque ne fait
pas un emploi prodigieusement lucratif de l'argent qu'il emprunte, quiconque emprunte pour
vivre ou pour dépenser est bientôt entièrement
ruiné & réduit à l'impuissance absolue de payer.
Il est impossible que dans cet état le créancier
qui lui redemande son dû ne lui soit pas odieux.
Il le seroit, quand même il ne redemanderoit
que la somme précise qu'il a prêtée ; car, à qui
ne peut rien payer, il est égal qu'on lui demande
peu ou beaucoup ; mais alors le débiteur n'o-
seroit pas avouer cette haine, il sentiroit quelle
injustice atroce il y auroit à se faire du bien-
fait un titre pour haïr le bienfaiteur ; il ne pourroit se cacher que personne ne partageroit une
haine aussi injuste & ne compâtiroit à ses plaintes ; mais en les faisant tomber sur l'énormité
des intérêts que le créancier a exigés de lui en
abusant de son besoin, il trouve dans tous les
cœurs la faveur, qu'inspire la pitié, & la haine
contre l'usurier devient une suite de cette pitié : cette haine est d'autant plus générale que
le nombre des indigens emprunteurs est plus
grand, & celui des riches prêteurs plus petit.
On voit que dans les dissentions entre le Peuple &

les Grands, qui ont agité si long-temps la République Romaine , le motif le plus réel des plaintes du Peuple étoit l'énormité des usures, & la dureté avec laquelle les Patriciens exigeoient le paiement de leurs créances. La fameuse retraite sur le Mont sacré n'eut pas d'autre cause. Dans toutes les Républiques anciennes, l'abolition des dettes fut toujours le vœu du Peuple & le cri des ambitieux qui captoient la faveur populaire. Les riches furent quelquefois obligés de l'accorder pour calmer la fougue du Peuple, & prévenir des révolutions plus terribles. Mais c'étoit encore un risque de plus pour les prêteurs ; & par conséquent l'intérêt de l'argent n'en devenoit que plus fort.

La dureté avec laquelle les Loix, toujours faites par les riches, autorisoient à poursuivre les débiteurs, ajoutoit infiniment à l'indignation du Peuple débiteur contre les usures & les usuriers ; non-seulement les biens, mais la personne même du débiteur étoit affectée à la sûreté de la dette. Quand il étoit insolvable, il devenoit l'esclave de son créancier ; celui-ci étoit autorisé à le vendre à son profit, & à user à son égard du pouvoir illimité que l'ancien droit donnoit au maître sur l'esclave, lequel

s'étendoit jufqu'à le faire mourir arbitrairement. Un tel excès de rigueur ne laiffoit envifager aux malheureux obérés qu'un avenir
plus affreux que la mort, & l'impitoyable
créancier lui paroiffoit le plus cruel de fes ennemis. Il étoit donc dans la nature des chofes
que l'ufurier ou le prêteur à intérêt fût par-
tout l'objet de l'éxécration publique, & regardé
comme une fangfue avide engraiffée de la fubf-
tance & des pleurs des malheureux.

Le Chriftianifme vint & rappela les droits
de l'humanité trop oubliés. L'efprit d'égalité,
l'amour de tous les hommes, la commifération
pour les malheureux qui forment le caractère
diftinctif de cette Religion, fe répandirent dans
les efprits; le riche fut adouci, le pauvre fut
fecouru & confolé. Dans une Religion qui fe
déclaroit la protectrice des pauvres, il étoit naturel que les Prédicateurs, en fe livrant à l'ar-
deur de leur zèle, adoptaffent une opinion qui
étoit devenue le cri du pauvre, & que, n'en-
vifageant point le prêt à intérêt en lui-même
& dans fes principes, ils le confondiffent avec
la dureté des pourfuites exercées contre les débiteurs infolvables; de-là, dans les anciens Doc-
teurs de l'Eglife, cette tendance, à regarder le
prêt à intérêt comme illicite : tendance, qui

cependant n'alla pas, (& il eft important de le remarquer) jufqu'à regarder cette opinion comme effentiellement liée avec la foi. Le droit Romain, tel que nous l'avons, rédigé dans un temps où le Chriftianifme étoit la feule Religion de l'Empire, & dans lequel le prêt à intérêt eft expreffément autorifé, prouve inconteftablement que ce prêt n'étoit point profcrit par la Religion.

Cependant l'opinion la plus rigide & la plus populaire prit peu-à-peu le deffus, & le plus grand nombre des Théologiens s'y rangea furtout dans les fiècles d'ignorance qui fuivirent; mais tandis que le cri des Peuples, contre le prêt à intérêt le faifoit profcrire, l'impoffibilité de l'abolir entièrement fit imaginer la fubtilité de l'aliénation du capital; & c'eft ce fyftème, qui étant devenu prefque général parmi les Théologiens, a été adopté auffi par les Jurifconfultes, par l'influence beaucoup trop grande qu'ont eu fur notre Jurifprudence & notre légiflation les principes du droit canon.

Dans cette efpèce de génération des opinions contraires au prêt à intérêt, on voit que les peuples pourfuivis par d'impitoyables créanciers, ont imputé leur malheur à l'ufure, & l'ont regardée d'un œil odieux; que les perfonnes

fonnes pieufes & les prédicateurs ont partagé cette impreffion & déclamé contre l'ufure ; que les Théologiens perfuadés par ce cri général que l'ufure étoit condamnable en elle - même, ont cherché des raifons pour prouver qu'elle devoit être condamnée, & qu'ils en ont trouvé mille mauvaifes, parce qu'il étoit impoffible d'en trouver une bonne ; qu'enfin les Jurifcon-fultes entraînés par leur refpect pour les déci-fions des Théologiens, ont introduit les mêmes principes dans notre légiflation.

X X X.

Affoibliffement des caufes qui avoient rendu le prêt à intérêt odieux aux Peuples.

Cependant les caufes qui avoient autrefois rendu odieux le prêt à intérêt, ont ceffé d'agir avec autant de force. L'efclavage étant aboli parmi nous, l'infolvabilité a des fuites moins cruelles ; elle n'entraîne plus la mort civile ni la perte de la liberté. La contrainte par corps que nous avons confervée eft à la vérité une loi dure & cruelle pour le pauvre ; mais la dureté en a du moins été mitigée par beaucoup de reftrictions, & bornée à un certain ordre de créances. La fuppreffion de l'efclavage a donné

aux arts & au commerce une activité inconnue
aux peuples anciens chez lesquels chaque particulier aisé faisoit fabriquer chez lui par ses
esclaves presque tout ce dont il avoit besoin.
Aujourd'hui l'exercice des arts méchaniques
est une ressource ouverte à tout homme laborieux. Cette foule de travaux & les avances
qu'ils exigent nécessairement présentent de tous
côtés à l'argent des emplois lucratifs : les entreprises du commerce multipliées à l'infini emploient des capitaux immenses. Les pauvres
que l'impuissance de travailler réduit à une
misère absolue, trouvent dans le superflu des
riches, & dans les charités de toute espèce dont
la Religion a multiplié les établissemens, des
secours qui ne paroissent pas avoir eu lieu chez
les peuples de l'antiquité, & qui, en effet, y
étoient moins nécessaires, puisque, par la constitution des sociétés, le pauvre, réduit au dernier degré de la misère, tomboit naturellement
dans l'esclavage. D'un autre côté, l'immensité
des capitaux accumulés de siècle en siècle par
l'esprit d'économie inséparable du commerce,
& grossis sur-tout par l'abondance des trésors
apportés de l'Amérique, a fait baisser dans
toute l'Europe le taux de l'intérêt. De toutes
ces circonstances réunies, il a résulté que les

emprunts faits par le pauvre pour subsister ne font plus qu'un objet à peine sensible dans la somme totale des emprunts ; que la plus grande partie des prêts se font à l'homme riche, ou du moins à l'homme industrieux, qui espère se procurer de grands profits par l'emploi de l'argent qu'il emprunte. Dès-lors le prêt à intérêt a dû devenir moins odieux, puisque par l'activité du commerce il est devenu au contraire une source d'avantages pour l'emprunteur. Aussi s'est-on familiarisé avec lui dans toutes les villes de commerce, au point que les Magistrats & les Théologiens mêmes en sont venus à le tolérer. La condamnation du prêt en lui-même, ou de l'intérêt exigé sans aliénation du capital, est devenue une spéculation abandonnée aux Théologiens rigoristes ; &, dans la pratique, toutes les opérations & de commerce & de finance roulent sur le prêt à intérêt, sans aliénation du capital.

X X X I.

A quel genre d'usure se borne aujourd'hui la flétrissure attachée au nom d'usurier ?

Le nom d'usurier ne se donne presque plus, dans la société, qu'aux prêteurs à la petite-se-

maine ; à cause du taux excessif de l'intérêt
qu'ils exigent ; à quelques fripiers qui prêtent sur
gages aux petits bourgeois & aux artisans dans
la détresse ; enfin à ces hommes infâmes qui
font métier de fournir, à des intérêts énormes,
aux enfans de famille dérangés, de quoi subvenir à leur libertinage & à leur folles dépenses.
Ce n'est plus que sur ces trois espèces d'usuriers
que tombe la flétrissure attachée à ce nom, &
eux seuls sont encore quelquefois les objets de
la sévérité des Loix anciennes qui subsistent
contre l'usure. De ces trois sortes d'usuriers ,
il n'y a cependant que les derniers qui fassent
dans la société un mal réel. Les prêteurs à la
petite-semaine fournissent aux agens d'un commerce indispensable les avances dont ceux - ci
ne peuvent se passer ; & si ce secours est mis à
un prix très-haut, ce haut prix est la compensation des risques que court le capital par l'in-
solvabilité fréquente des emprunteurs, & de
l'avilissement attaché à cette manière de faire
valoir son argent. Car cet avilissement écarte
nécessairement de ce genre de commerce beaucoup de capitalistes dont la concurrence pourroit
seule diminuer le taux de l'intérêt. Il ne reste
que ceux qui se déterminent à passer pardessus
la honte , & qui ne s'y déterminent que par

l'affurance d'un grand profit. Les petits marchands qui empruntent ainfi à la petite-femaine
font bien loin de fe plaindre des prêteurs, dont
ils ont à tout moment befoin, & qui, au fond,
les mettent en état de gagner leur vie. Auffi
la Police & le Miniftère public les laiffent-ils
fort tranquilles. Les prêteurs fur gage à gros
intérêts, les feuls qui prêtent véritablement au
pauvre pour fes befoins journaliers, & non pour
le mettre en état de gagner, ne font point le
même mal que ces anciens ufuriers qui con-
duifoient par degrés à la mifère & à l'efclavage
les pauvres citoyens auxquels ils avoient pro-
curé des fecours funeftes. Celui qui emprunte
fur gage emprunte fur un effet dont il lui eft
abfolument poffible de fe paffer. S'il n'eft pas
en état de rendre le capital & les intérêts, le
pis qui puiffe lui arriver eft de perdre fon gage,
& il ne fera pas beaucoup plus malheureux qu'il
n'étoit. Sa pauvreté le fouftrait à toute autre
pourfuite ; ce n'eft guère contre le pauvre qui
emprunte pour vivre , que la contrainte par
corps peut être exercée. Le créancier qui pouvoit réduire fon débiteur en efclavage y trouvoit un profit ; c'étoit un efclave qu'il acqué-
roit ; mais aujourd'hui le créancier fait qu'en
privant fon débiteur de la liberté, il n'y gagnera

autre chofe que d'être obligé de le nourrir en
prifon ; auffi ne s'avife-t-on pas de faire con-
tracter à un homme qui n'a rien & qui eft
réduit à emprunter pour vivre , des engagemens qui emportent la contrainte par corps.
Elle n'ajouteroit rien à la sûreté du prêteur.
La feule sûreté vraiment folide contre l'homme
pauvre eft le gage : & l'homme pauvre s'ef-
time heureux de trouver un fecours pour le
moment , fans autre danger que de perdre ce
gage. Auffi le peuple a-t-il plutôt de la reconnoiffance que de la haine pour ces petits ufuriers qui le fecourent dans fon befoin , quoiqu'ils lui vendent affez cher ce fecours. Je me
fouviens d'avoir été, à la Tournelle, Rapporteur
d'un procès criminel pour fait d'ufure. Jamais
je n'ai été tant follicité que je le fus pour le
malheureux accufé, & je fus très-furpris de
voir que ceux qui me follicitoient avec tant de
chaleur étoient ceux-là même qui avoient ef-
fuyé les ufures qui faifoient l'objet du procès.
Le contrafte d'un homme pourfuivi criminel-
lement pour avoir fait à des particuliers un
tort dont ceux-ci, non-feulement ne fe plai-
gnoient pas, mais même témoignoient de la
reconnoiffance, me parut fingulier, & me fit
faire bien des réflexions.

X X X I I.

Les usuriers qui font métier de prêter aux en-
fans de famille dérangés sont les seuls qui
soient vraiment nuisibles à la société ; leur
véritable crime n'est point l'usure ; en quoi
il consiste.

Les seuls usuriers qui soient vraiment nuisibles à la société sont donc, comme je l'ai déjà
dit, ceux qui font métier de prêter aux jeunes
gens dérangés ; mais je n'imagine pas que personne pense que leur crime soit de prêter à
intérêt sans aliénation du capital, ce qui, sui-
vant les Théologiens & les Jurisconsultes ;
constitue l'usure. Ce n'est pas non plus de
prêter à un intérêt plus fort que le taux légal ;
car, prêtant sans aucune sûreté, ayant à craindre
que les pères ne refusent de payer, & que les
jeunes gens eux-mêmes ne réclament un jour
contre leurs engagemens, il faut bien que leurs
profits soient proportionnés à leurs risques. Leur
véritable crime est donc, non pas d'être usuriers, mais de faciliter & d'encourager pour
un vil intérêt les désordres des jeunes gens ,
& de les conduire à l'alternative de se ruiner
ou de se déshonorer. S'ils doivent être punis,

c'eſt à ce titre, & non à cauſe de l'uſure qu'ils ont commiſe.

X X X I I I.

La défenſe de l'uſure n'eſt point le remède qu'il faut apporter à ce déſordre, & d'autres Loix y pourvoyent ſuffiſamment.

Les loix contre l'uſure, proprement dite, ne ſont donc d'aucune utilité pour arrêter ce déſordre qui eſt puniſſable par lui - même : elles ne ſont pas même utiles pour obvier à la diſſipation de la fortune des jeunes gens qui ont emprunté de cette manière ruineuſe, par la rupture de leurs engagemens : car, ſans examiner s'il eſt vraiment utile que la loi offre, contre des engagemens volontaires, des reſſources dont il eſt honteux de profiter (queſtion très-ſuſceptible de doute) ; la loi qui déclare les mineurs incapables de s'engager, rend ſuperflue toute autre précaution. Ce ne ſont pas ordinairement les perſonnes d'un âge mûr qui ſe ruinent de cette manière, & en tout cas, c'eſt à eux, & non pas à la Loi à s'occuper du ſoin de conſerver leur patrimoine. Au reſte, le plus ſûr rempart contre la diſſipation des enfans de famille ſera toujours la bonne éducation que les parens doivent leur donner.

X X X I V.

Conséquence de ce qui a été dit sur les vraies caufes de la défaveur du prêt à intérêt, & sur les changemens arrivés à cet égard dans les mœurs publiques.

Après avoir prouvé la légitimité du prêt à intérêt par les principes de la matière, & après avoir montré la frivolité des raifons dont on s'eft fervi pour le condamner, je n'ai pas cru inutile de développer les caufes qui ont répandu fur le prêt à intérêt cet odieux & cette défaveur, fans lefquels, ni les Théologiens, ni les Jurifconfultes n'auroient pas fongé à le condamner. Mon objet a été d'apprécier exactement les fondemens de cette défaveur, & de reconnoître fi en effet le prêt à intérêt produit dans la fociété des maux que les Loix doivent chercher à prévenir, & qui doivent engager à le profcrire. Il réfulte, ce me femble, des détails dans lefquels je fuis entré, que ce qui rendoit l'ufure odieufe dans les anciens temps tenoit plus au défaut abfolu du commerce, à la conftitution des anciennes fociétés, & fur-tout aux Loix qui permettoient au créancier de réduire fon débiteur en efclavage, qu'à la nature même du prêt à intérêt. Je crois avoir prouvé encore que par les changemens survenus dans le commerce, dans les mœurs & dans la conſtitution des ſociétés, le prêt à intérêt ne produit dans la ſociété aucun mal qu'on puiſſe imputer à la nature de ce contrat ; & que, dans le ſeul cas où les pratiques uſuraires ſont accompagnées de quelque danger réel, ce n'eſt point dans l'uſure proprement dite que réſide le crime & le danger, & que les Loix peuvent y pourvoir ſans donner aucune reſtriction à la liberté du prêt à intérêt.

X X X V.

Conſéquence générale : aucun motif ne doit porter à défendre le prêt à intérêt.

Je ſuis donc en droit de conclure qu'aucun motif ſolide ne pourroit aujourd'hui déterminer la légiſlation à s'écarter, en proſcrivant le prêt à intérêt, des principes du droit naturel qui le permettent. Car tout ce qu'il n'eſt pas abſolument néceſſaire de défendre doit être permis.

X X X V I.

L'intérêt est le prix de l'argent dans le Com-
merce, & ce prix doit être abandonné au
cours du Commerce.

A s'en tenir à l'ordre naturel, l'argent doit
être regardé comme une marchandise que le
propriétaire est en droit de vendre ou de louer ;
par conséquent la Loi ne doit point exiger,
pour autoriser la stipulation de l'intérêt, l'aliénation du capital. Il n'y a pas plus de raison
pour qu'elle fixe le taux de cet intérêt. Ce
taux doit être comme le prix de toutes les
choses commerçables, fixé par le débat entre
les deux contractans & par le rapport de l'offre
à la demande. Il n'est aucune marchandise sur
laquelle l'Administration la plus éclairée, la
plus minutieusement prévoyante & la plus
juste puisse se répondre de pouvoir balancer
toutes les circonstances qui doivent influer sur
la fixation du prix, & d'en établir un qui ne
soit pas au désavantage ou du vendeur ou de
l'acheteur. Or, le taux de l'intérêt est encore
bien plus difficile à fixer que le prix de toute
espèce de marchandise, parce que ce taux tient
à des circonstances & des considérations plus

délicates encore & plus variables, qui font celles du temps où fe fait le prêt, & celle de l'époque à laquelle le remboursement fera ftipulé, & fur-tout celle du rifque ou de l'opinion du rifque que le capital doit courir. Cette opinion varie d'un inftant à l'autre ; une alarme momentanée , l'événement de quelques banqueroutes, des bruits de guerre peuvent répandre une inquiétude générale qui enchérit fubitement toutes les négociations d'argent. Et l'opinion & la réalité du rifque varient encore plus d'un homme à l'autre, & augmentent ou diminuent dans tous les degrés poffibles. Il doit donc y avoir autant de variations dans le taux de l'intérêt. Une marchandife a le même prix pour tout le monde , parce que tout le monde la paye avec la même monnoie, & les marchandifes d'un ufage général dont la production & la confommation fe proportionnent naturellement l'un à l'autre, ont long-temps à-peu-près le même prix. Mais l'argent dans le prêt n'a le même prix , ni pour tous les hommes , ni dans tous les temps , parce que dans le prêt l'argent ne fe paye qu'avec une promeffe, & que fi l'argent de tous les acheteurs fe reffemble , les promeffes de tous les emprunteurs ne fe reffemblent pas. Fixer par une loi le taux de l'intérêt, c'eſt priver de la reſſource de l'emprunt quiconque ne peut offrir une ſûreté proportionnée à la modicité de l'intérêt fixé par la Loi ; c'eſt par conféquent rendre impoſſible une foule d'entrepriſes de commerce, qui ne peuvent ſe faire ſans riſque du capital.

X X X V I I.

L'intérêt du retard ordonné en Juſtice peut être réglé par un ſimple acte de notoriété , ſans qu'il ſoit beſoin de fixer le taux de l'intérêt par une loi.

Le ſeul motif raiſonnable qu'on allègue pour juſtifier l'uſage où l'on eſt de fixer le taux de l'intérêt par une loi , eſt la néceſſité de donner aux Juges une règle qui ne ſoit point arbitraire pour ſe conduire dans les cas où ils ont à prononcer ſur les intérêts demandés en juſtice, en conféquence de la demeure de payer, ou bien lorſqu'il s'agit de preſcrire à un tuteur à quel denier il peut placer l'argent de ſes pupilles. Mais tout cela peut ſe faire ſans une loi qui fixe irrévocablement & univerſellement le taux de l'intérêt. Quoique l'intérêt ne puiſſe être le même pour tous les tas; cependant il y a un intérêt qui varie peu, du moins dans un intervalle de temps peu considérable, c'est l'intérêt de l'argent placé avec une sûreté à-peu-près entière, telle que la donne une hypothèque solide où la solvabilité de certains négocians dont la fortune, la sagesse & la probité font universellement connues. C'est à cet intérêt que les Juges doivent se conformer & se conforment en effet, lorsqu'ils prononcent sur les demandes d'intérêts judiciaires, ou sur des autorisations de tuteurs. Or, puisque le taux de cet intérêt varie peu & est le même pour tous, il ne faut pas une loi pour le fixer; il suffit d'un acte de notoriété qu'on peut renouveller chaque année. Quelques Notaires & quelques Négocians principaux donneroient au Magistrat les lumières nécessaires pour fixer cette notoriété en connoissance de cause. Un acte de cette espèce fait dans chacune des villes où réside un Parlement, suffiroit pour toute l'étendue du ressort.

X X X V I I I.

L'imputation des intérêts prétendus usuraires sur le capital, & toutes les poursuites criminelles pour fait d'usure, devroient être abrogées.

Une conséquence immédiate de l'adoption de ces principes seroit l'abrogation de l'usage où sont les Tribunaux d'imputer sur le capital les intérêts payés, ou sans aliénation du capital ou à un taux plus fort que celui de l'Ordonnance.

Une seconde conséquence qu'on en tireroit à plus forte raison, seroit la suppression de toute poursuite criminelle sous prétexte d'usure. Ce crime imaginaire seroit effacé de la liste des crimes.

X X I X.

Avantages qui résulteroient pour le Commerce & la Société en général d'une Loi entièrement conforme aux principes qui viennent d'être développés.

Le Commerce de l'argent seroit libre comme doit l'être tout Commerce. L'effet de cette liberté seroit la concurrence ; & l'effet de cette concurrence seroit le bas prix de l'intérêt, non

feulement parce que la honte & les rifques
attachés au prêt à intérêt font une furcharge
que l'emprunteur paye toujours, de même que
celui qui achète des marchandifes prohibées,
paye toujours les rifques du contrebandier ;
mais encore parce qu'une très-grande quantité
d'argent, qui refte inutile dans les coffres,
entreroit dans la circulation, lorfque le préjugé, n'étant plus confolidé par l'autorité des
Loix, auroit peu-à-peu cédé à la raifon. L'é-
conomie en deviendroit d'autant plus active à
accumuler des capitaux, lorfque le commerce
d'argent feroit un débouché toujours ouvert à
l'argent. L'on ne peut aujourd'hui placer l'argent
qu'en groffes parties. Un Artifan eft embaraffé
de fes petites épargnes ; elles font ftériles pour
lui jufqu'à ce qu'elles foient devenues affez
confidérables pour les placer. Il faut qu'il les
garde, toujours expofé à la tentation de les dif-
fiper au cabaret. Si le commerce d'argent acqué-
roit le degré d'activité que lui donneroit la liberté
entière & l'anéantiffement du préjugé, il s'établiroit des marchands d'argent qui le recueil-
leroient enpetites fommes, qui raffembleroient
dans les villes & dans les campagnes les épargnes du peuple laborieux pour en former des
capitaux & les fournir aux places de commerce,

comme

comme on voit des marchands ramaſſer de village en village, juſqu'au fond de la Normandie,
le beure & les œufs qui s'y produiſent , & les
aller vendre à Paris. Cette facilité ouverte au
peuple de faire fructifier ſes épargnes, ſeroit
pour lui l'encouragement le plus puiſſant à l'é-
conomie & à la ſobriété , & lui faciliteroient le
ſeul moyen qu'il ait de prévenir la miſère où
le plongent les moindres accidens, les maladies,
& au moins la vieilleſſe.

X L

*Si des motifs de prudence peuvent empêcher
d'établir, quand à préſent par une Loi , la
liberté entière du prêt à intérêt , cette liberté
n'en eſt pas moins le but auquel l'adminiſ-
tration doit tendre , & auquel il convient de
préparer les opinions du public : néceſſité de
donner dès à préſent au Commerce une entière
ſécurité contre l'exécution des Loix rigoureuſes
portées contre l'uſure.*

La Loi qui établiroit ce nouvel ordre de
choſes eſt donc auſſi   irable que juſte, &
plus favorable encore au peuple pauvre qu'au
riche pécunieux. Je ne dis pas cependant qu'il
faille la rendre à préſent. J'ai inſinué que je

fentois tous les ménagemens qui peuvent être dus au préjugé , sur-tout à un préjugé que tant de perfonnes croient lié à des principes refpectables ; mais j'ofe dire que cette liberté entière du prêt à intérêt doit être le but plus ou moins éloigné du Gouvernement ; qu'il faut s'occuper de préparer cette révolution en changeant peu-à-peu les idées du public , en favorifant les écrits des Jurifconfultes éclairés & des Théologiens fages , qui adopteront une doctrine plus modérée & plus juftefur le prêt à intérêt. Mais en attendant qu'on ait pu atteindre ce but , il faut s'en rapprocher autant qu'il eft poffible ; il faut , fans heurter de front le préjugé , ceffer de le foutenir , & fur-tout en éluder l'effet ,& garantir le commerce de fes fâcheufes influences.

X L I.

Il paroît convenable d'abroger par une Loi toute pourfuite criminelle pour fait d'ufure ; mais il eft du moins indifpenfable d'interdire abfolument cette accufation dans tous les prêts faits à l'occafion du commerce , ou à des commerçans.

La voie la plus directe pour y parvenir , & celle à laquelle j'avoue que j'inclìnerois beaucoup, feroit d'interdire entièrement, par une Loi, toute pourfuite criminelle pour fait d'ufure. Je ne crois pas impoffible de rédiger cette Loi & le préambule qui doit l'annoncer, de façon à conferver tous les ménagemens néceffaires pour les principes reçus. Si cependant on y trouvoit de la difficulté, il me paroît au moins indifpenfable de défendre d'admettre l'accufation d'ufure dans tous les cas de négociations d'argent faites à l'occafion du commerce, & dans tous ceux où celui qui emprunte exerce le commerce ou toute autre profeffion dans laquelle l'argent peut être employé d'une manière lucrative. Cette difpofition renferme ce qui eft abfolument néceffaire pour mettre le commerce à l'abri des révolutions que pourroit occafionner la diverfité des opinions fous le régime arbitraire de la jurifprudence actuelle. En même temps elle eft bornée au pur néceffaire, & je ne la crois fufceptible d'aucune difficulté ; lorfque, d'un côté, les principes reçus relativement à l'intérêt de l'argent refteront les mêmes, quant aux affaires civiles ordinaires qui n'ont point de rapport au commerce, & que, de l'autre, on donnera pour motif de la loi la néceffité d'affurer les engagemens du commerce contre les abus de la mauvaife foi, & de ne plus faire dépendre

d'une jurifprudence arbitraire le fort des négocians autorifés par l'ufage conftant de toutes les
places, ufage qu'on ne peut prohiber fans rifquer
d'interrompre la circulation & le cours ordinaire
du commerce. Il me femble que les idées du
public, & même celles de tous les Tribunaux
accoutumés à juger des affaires de commerce,
ont déjà fuffifamment préparé les voies à cette
loi; & j'imagine qu'elle n'éprouveroit aucune
réfiftance, pour peu que l'on employât d'adreffe
à la rédiger de façon à paroître refpecter les principes précédemment reçus.

X L I I.

*La Loi propofée mettra le Commerce à l'abri de
toute révolution pareille à celle qu'il vient d'é-
prouver à Angoulême ; mais il eft jufte de
pourvoir auffi au fort des particuliers mal-à-
propos vexés.*

Si cette propofition eft adoptée, elle pour-
voira fuffifamment à l'objet général de la fûreté
du commerce, & le mettra pour jamais à l'abri
de l'efpèce de révolution qu'il vient d'éprouver
dans la ville d'Angoulême ; mais il ne feroit
pas jufte fans doute d'abandonner à leur malheureux fort les victimes de la fripponnetie de leurs

débiteurs & du préjugé des Juges d'Angoulême, puifque leur honneur & leur fortune font actuellement compromis par les dénonciations admifes contre eux & les procédures commencées au Sénéchal de cette ville.

X L I I I.

Le Sénéchal d'Angoulême n'auroit pas dû admettre l'accufation d'ufure pour des prêts faits à des marchands.

Je penfe qu'au fond & même en partant des principes actuels tels qu'ils font modifiés par la jurifprudence de la plus grande partie des Tribunaux, & fur-tout de ceux auxquels la connoiffance du commerce eft fpécialement attribuée, les dénonciations des prétendus faits d'ufure ne doivent point être admifes, & les prêteurs ne doivent point être expofés à des procédures criminelles. Il fuffit pour cela que les prêts prétendus ufuraires, & qui ont donné lieu aux dénonciations, aient été faits à des marchands ; dès-lors, il eft conftant, par la jurifprudence univerfelle de toutes les jurifdictions confulaires, qu'on ne peut les regarder comme prohibés par le défaut d'aliénation du capital ; il paroit même qu'on en eft convaincu au Sénéchal d'Angoulême, & que les dénonciateurs eux-mêmes n'o-

fent en difconvenir ; mais ils ont dit en premier-
lieu , que plufieurs des capitaliftes , accufés d'u-
fure , ne font ni commercans ni banquiers ; on
a même produit des actes pour prouver que le
fieur B..... des E....., un des prêteurs attaqués,
a déclaré , il y a quelques années, quitter le
commerce. Ils ont dit, en fecond-lieu , que les
intérêts n'étoient dans le Commerce qu'au taux
de fix pour cent ; & comme les négociations
dénoncées comme ufuraires font à un intérêt plus
confidérable , & fur le pied de neuf ou dix pour
cent, ils ont conclu qu'on devoit leur appliquer
toute la rigueur des Loix contre l'ufure. Il faut
avouer même qu'un grand nombre de prêteurs
entraînés par la terreur qui les avoit faifis , ont
en quelque forte paffé condamnation fur ce principe , en offrant imprudemment de reftituer les
fommes qu'ils avoient perçus au-deffus de fix
pour cent; mais malgré cette efpèce d'aveu , je
ne penfe pas que ni l'un ni l'autre des deux
motifs allégués par les dénonciateurs , puiffe
autorifer la voie criminelle contre les négociations
dont il s'agit.

X L I V.

La qualité des prêteurs qui ne feroient pas com-
merçans ne peut servir de fondement à la voie
criminelle.

C'eſt d'abord une erreur groſſière que d'imaginer que le défaut de qualité dans un prêteur,
qui feroit un autre métier que le commerce,
puiſſe changer en rien la nature de l'engagement
que prend avec lui un négociant qui lui emprunte
des fonds. En effet, ce négociant n'eſt pas plus
lézé, ſoit que celui qui lui prête faſſe le commerce ou ne le faſſe pas ; l'engagement de l'emprunteur n'en eſt pas moins aſſujetti aux règles
de la bonne foi. Si la tolérance qu'on doit avoir,
& qu'on a pour les ſtipulations d'intérêt dans
les prêts du commerce, eſt fondée ſur ce que,
d'un côté, les emprunts que fait un négociant
ont pour objet de ſe procurer des profits en ver-
ſant l'argent dans ſon commerce, & ſur ce que
de l'autre, toute entrepriſe ſuppoſant de groſſes
avances, il eſt important d'attirer dans le commerce la plus grande quantité poſſible de capitaux
d'argent, il eſt bien évident que ces deux motifs
ont exactement la même force, que le prêteur ſoit ou ne ſoit pas négociant. Dans les deux

cas, fon argent n'eft pas moins un moyen pour l'emprunteur de fe procurer de gros profits, & cet argent n'eft pas moins un capital utile verfé dans le commerce. Pour favoir fi la faveur des négociations du commerce doit être appliquée à un prêt d'argent ou non : c'eft donc la perfonne de l'emprunteur qu'il faut confidérer, & non celle du prêteur. Il importe donc peu que le fieur B......... des E........., ou tout autre des capitaliftes d'Angoulème, faffe ou ne faffe pas actuellement le commerce, & il n'en fauroit réfulter, pour les commerçans qui ont emprunté d'eux, aucun prétexte pour revenir contre leurs engagemens en les inculpant d'ufure, & encore moins pour les attaquer par la voie criminelle.

X L V.

Le taux de l'intérêt au-deffus de fix pour cent n'a pas dû non plus donner ouverture à la voie criminelle.

C'eft encore une autre erreur, non moins groffière, d'imaginer qu'il y ait dans le commerce un taux d'intérêt fixe au-deffus duquel les négociations deviennent ufuraires & puniffables. Il n'eft aucune efpèce de loix qui ait fixé un taux plutôt que l'autre, & l'on peut même dire, qu'à la rigueur, il n'y en a aucun de permis ; que celui de l'ordonnance, encore ne l'eft-il qu'avec la condition de l'aliénation du capital. L'intérêt, fans aliénation du capital, n'eft que toléré en faveur du commerce ; mais cette tolérance n'eft ni ne peut être limitée à un taux fixe ; parce que l'intérêt varie non-feulement à raifon des lieux, des temps & des circonftances, en fe réglant, comme le prix de toutes les autres marchandifes, par le rapport de l'offre à la demande ; mais encore dans le même temps & dans le même lieu, fuivant le rifque plus ou moins grand que court le capital, par le plus ou le moins de folidité de l'emprunteur. L'intérêt fe règle dans le commerce par la feule ftipulation ; &, s'il y a dans les places confidérables de commerce, un taux courant de l'intérêt, ce taux n'a lieu que vis-à-vis des négocians reconnus pour bons & folvables ; toutes les fois que le rifque augmente l'intérêt augmente auffi, fans qu'on ait aucun reproche à faire au prèteur. Ainfi, quand même il feroit vrai que le taux de l'intérêt fût à Angoulème, fuivant le cours de la place, à fix pour cent, il ne s'enfuivroit nullement que ceux auxquels on auroit prêté à neuf & à dix pour cent, euffent à fe plaindre. Quand il feroit vrai que le taux de l'intérêt dans

le commerce fut , dans les principales places du
Royaume , établi fur le pied de fix pour cent ,
il ne s'enfuivroit nullement que ce cours fût
établi à Angoulême ; & dans le fait , il eſt nótoire
que , depuis environ quarante ans , il a preſque
toujours roulé de huit à dix pour cent. J'ai fuffifamment expliqué , dans le commencement de
ce mémoire , les raiſons de ce haut intérêt , &
j'ai montré qu'elles étoient fondées fur la nature
même du commerce de cette ville.

X L V I.

Motifs qui doivent porter à évoquer cette af-
faire.

Malheureuſement les officiers du Sénéchal ,
en recevant des dénonciations , ont prouvé qu'ils
n'adoptent point les principes que je viens de
développer , & que la vraie jurifprudence adoptée
fur le prêt en matière de commerce , leur eſt
moins connue que la rigueur des loix anciennes.
Il y a donc tout lieu de craindre que le jugement qui interviendra ne foit dicté par cet efprit
de rigueur , & que le triomphe de la cabale des
dénonciateurs étant complet , le trouble qu'ils
ont occafionné dans les fortunes & dans le commerce ne foit encore augmenté.

XLVII.

Motifs qui doivent détourner d'en attribuer la connoiſſance à l'Intendant.

Dans ces circonſtances, il ſembleroit néceſſaire d'ôter à ce tribunal la connoiſſance d'une
affaire ſur laquelle on peut croire qu'il a adopté
des préventions, puiſque ſans ces préventions
l'affaire n'auroit aucune exiſtance ; c'eſt par ce
motif que les différens particuliers déjà dénoncés,
ou qui craignent de l'être, ont préſenté à M. le
Contrôleur général un mémoire qui m'a été
renvoyé, & dans lequel il conclut à ce qu'il
me ſoit donné un arrêt d'attribution pour connoître de toute cette affaire ; ce ſeroit, en effet,
un moyen de leur procurer un juge aſſez favorable ; & ce mémoire, dans lequel j'ai expliqué
toute m'a façon de penſer, le fait aſſez préſumer.
Je ne penſe cependant pas qu'on doive me
charger du jugement de cette affaire. Indépen-
damment de la répugnance que j'ai pour ces
ſortes d'attributions, j'obſerve que les eſprits ſe
ſont aſſez échauffés de part & d'autre dansla
ville d'Angoulême ſur cette affaire ; qu'un grand
nombre de gens y ont pris parti contre les capi-
taliſtes prêteurs d'argent, dont la fortune a pu

exciter l'envie ; qu'enfin un affez grand nombre des officiers du préfidial paroiffent avoir adopté cette chaleur. Si c'eft un motif pour ôter à ces derniers la connoiffance de cette affaire, c'en eft un auffi, fuivant moi, de ne la pas donner à l'Intendant de la province; l'on ne manqueroit pas de penfer que l'objet de cette attribution a été de fouftraire des coupables aux peines qu'ils auroient méritées, & le jugement qui les abfoudroit feroit repréfenté comme un acte de partialité.

X L V I I I.

Le Confeil eft le Tribunal auquel il paroît le plus convenable de réferver la décifion de cette affaire.

D'ailleurs le véritable motif qui doit faire évoquer cette affaire, eft la liaifon qu'elle a avec l'ordre public & l'intérêt général du commerce; & dès-lors, fi l'on fe détermine à l'évoquer, il femble que ce ne doit pas être pour la renvoyer à un tribunal particulier, & en quelque forte étranger à l'ordre judiciaire, mais plutôt pour la faire décider avec plus d'autorité & par un tribunal auquel il appartienne de fixer en même-temps, & de confacrer, par une fanction folemnelle, les principes de fa décifion. Je penfe qu'il n'y en a point de plus convenable que le Conseil lui-même, surtout si, comme je le crois, il doit être question, non-seulement de juger l'affaire particulière des capitalistes d'Angoulême; mais encore de fixer par une loi la jurisprudence sur un point de la plus grande importance pour le commerce général du Royaume.

X L I X.

La procédure criminelle commencée paroît exiger que l'affaire soit renvoyée à une commission particulière du Conseil, chargée en même-temps de discuter la convenance de la loi proposée.

Je prendrai la liberté d'observer que si cette proposition est adoptée, il paroît convenable de former pour cet objet une commission particulière du Conseil. L'affaire ayant été introduite par la voie criminelle, & poursuivie à la requête du Procureur du Roi, il est indispensable de la continuer d'abord sur les mêmes erremens, & l'on ne peut se passer du concours de la partie publique. Or, on sait qu'il ne peut y avoir de Procureur Général que dans les commissions particulières. La même commission, paroissant devoir naturellement être chargée d'examiner

s'il y a lieu de rendre une loi nouvelle fur la
matière & d'en difcuter les difpofitions, l'intérêt
général du commerce, & l'intérêt particulier
des commerçans d'Angoulême, ne pourront manquer d'être envifagés & décidés par les mêmes
principes.

L.

Obfervation fur la punition que paroiffent mériter
les auteurs du trouble arrivé dans le commerce
d'Angoulême.

En venant au fecours du commerce d'Angoulême, il feroit bien à fouhaiter qu'on pût faire
fubir aux auteurs de la cabale qui vient d'y porter
le trouble, la punition qu'ils ont méritée; mais
je fens qu'on ne peut rien propofer à cet égard
quant à préfent; & lors même que le tribunal,
chargé de l'examen de l'affaire, aura pris une
connoiffance exacte de toutes les manœuvres qui
ont été commifes, je ne fais s'il fera poffible
de prononcer une peine juridique contre des
gens qui, malgré l'odieux de leurs démarches,
femblent cependant y avoir été autorifés par
des loix expreffes, lefquelles n'ont jamais été
révoquées. Je ne crois pas qu'on puiffe les punir
autrement que par voie d'autorité & d'adminif-
tration, & ce fera à la fageffe du Confeil à

décider, après le jugement de l'affaire, s'il con‑
vient de faire intervenir l'autorité directe du
Roi pour punir ces perturbateurs du commerce.

L I.

Examen d'une proposition faite par les Juges
Consuls d'Angoulême tendante à l'établisse‑
ment de Courtiers & Agens de change en titre.

Avant de terminer ce long mémoire, je crois
devoir m'expliquer encore sur une proposition
contenue dans la conclusion qui étoit jointe au
mémoire que m'a renvoyé M. le Contrôleur-
Général, & que je crois avoir fait l'objet d'une
demande adressée directement à ce Ministre
par les Consuls d'Angoulême. Elle a pour objet
de faire établir à Angoulême des Courtiers &
des Agens de change en titre. C'est, dit-on,
pour pouvoir fixer le taux de la place, & prévenir,
par-là, des troubles semblables à ceux que vient
d'éprouver le commerce d'Angoulême.

L I I.

Inutilité & inconvéniens de l'établissement proposé.

Je suis fort loin de penser qu'un pareil établis‑
sement puisse être utile dans aucun cas, les

commerçans peuvent, le plus souvent, faire leurs négociations sans l'entremise de personnes tierces; & si, dans une place, les opérations de commerce sont assez multipliées pour que les négocians soient obligés de se servir d'agens interposés ou de courtiers, ils sont toujours libres de le faire; & il est bien plus naturel qu'ils confient leurs affaires à des hommes qu'ils ont choisis & auxquels ils ont une confiance personnelle, qu'à des particuliers qui n'auroient d'autre titre à leur confiance, que d'avoir acheté l'office de courtier ou d'agent de change. Il est étonnant que les Juges-Consuls d'Angoulême n'aient pas senti que ces courtiers privilégiés & exclusifs & les droits qui leur seroient attribués, seroient une surcharge pour leur commerce. L'utilité prétendue dont on veut qu'ils soient pour fixer le cours de la place, me paroît entièrement chimérique. Il n'est point nécessaire, comme le suppose l'avocat au conseil, qui a dressé la consultation en faveur des capitalistes d'Angoulême, qu'il y ait un taux de la place fixé par des agens de change, ou par une délibération de tous les Banquiers pour autoriser le taux de l'intérêt, & justifier les négociations du reproche d'usure. L'intérêt doit, comme je l'ai déjà dit plusieurs fois, varier à raison du plus ou du moins

de

de folvabilité de l'emprunteur & il n'en devient pas plus néceffaire.

Le vrai remède aux inconvéniens que vient d'éprouver la place d'Angoulême eft dans l'interdiction de toute accufation d'ufure, à l'occafion de négociations faites par des commerçans.

Il a été un temps où la propofition faite par les Juges-Confuls d'Angoulême auroit pu être accueillie comme un moyen de procurer quelque argent au Roi ; mais, outre que cette reffource feroit infiniment modique, le Confeil eft fans doute à préfent trop éclairé pour ne pas fentir que de tous les moyens de procurer de l'argent au Roi, les plus mauvais font ceux qui furchargent le commerce de frais, qui le gênent par des privilèges exclufifs, & fur-tout qui l'embarraffent par une multiplication d'agens & de formalités inutiles. Je ne fuis donc aucunement d'avis de créer à Angoulême les charges de Courtiers & d'Agens de change dont les Confuls follicitent l'établiffement.

G

L I I I.

Conclufion & Avis.

Pour me réfumer fur l'objet principal de ce Mémoire , mon avis fe réduit à propofer d'évoquer au Confeil les accufations d'ufure pendantes au Sénéchal d'Angoulême, & d'en renvoyer la connoiffance à une commiffion particulière du Confeil, laquelle feroit en même-temps chargée de rédiger une déclaration pour fixer la Jurifprudence fur l'ufage du prêt à intérêt dans le commerce.

Copie de la Lettre de M. Turgot, Intendant de Limoges, à M. l'Abbé Terray, Contrôleur-Général.

A Limoges, le 24 Décembre 1773.

MONSIEUR,

J'AI l'honneur de vous adresser l'état des forges & usines employées à la fabrication des ouvrages en fer qui se trouvent dans la Généralité de Limoges. Vous m'avez demandé cet état plusieurs fois ; j'aurois voulu pouvoir vous l'envoyer plus promptement, & sur-tout plus complet ; mais malgré les soins que j'ai pris pour me procurer sur chaque forge des notices aussi détaillées que vous paroissiez les desirer, vous verrez qu'il reste encore une assez grande incertitude sur la quantité des fers qui sortent de ces différentes forges : mais vous verrez aussi que cette incertitude vient en grande partie de causes purement physiques, qui font varier la production, telles que la disette ou l'abondance des eaux dans les différentes usines. Les variations dans le débit & dans la fortune des

Marques des Fers.

G 2

entrepreneurs influent auffi, & au moins autant que les caufes phyfiques fur la fabrication
plus ou moins abondante.

Quant aux obfervations que vous paroiffez
defirer fur les moyens de donner à cette branche
de commerce plus d'activité, ou de lui rendre
celle qu'on prétend qu'il a perdue, j'en ai peu
à vous faire. Je ne connois de moyen d'animer
un commerce quelconque que la plus grande
liberté & l'affranchiffement de tous ces droits,
que l'intérêt mal entendu du fifc a multipliés
à l'excès fur toutes les efpèces de marchandifes, & en particulier fur la fabrication des
fers.

Je ne puis vous déguifer qu'une des principales caufes de la lenteur que j'ai mife à vous
fatisfaire fur l'objet de ces recherches, a été le
bruit qui s'étoit répandu qu'elles avoient pour
objet l'établiffement de nouveaux droits ou l'ex-
tenfion des anciens. L'opinion fondée fur trop
d'exemples, que toutes les recherches du Gouvernement n'ont pour objet que de trouver les
moyens de tirer des peuples plus d'argent, a fait
naître une défiance univerfelle, & la plus grande
partie de ceux à qui l'on fait des queftions, ou
ne répondent point, ou cherchent à induire en
erreur par des réponfes fauffes, ou incomplettes.

Je ne puis croire, Monſieur, que votre inten-
tion ſoit d'impoſer de nouvelles charges ſur
un commerce que vous annoncez au contraire
vouloir favoriſer. Si je le penſois, je vous avoue
que je m'applaudirois du retard involontaire que
j'ai mis à l'envoi des éclairciſſemens que vous
m'avez demandés, & que je regretterois de
n'avoir pu en prolonger davantage le délai.

Après l'entière liberté & l'affranchiſſement
de toutes taxes ſur la fabrication, le tranſport,
la vente & la conſommation des denrées, s'il
reſte quelque choſe à faire au Gouvernement
pour favoriſer un commerce ; ce ne peut être
que par la voie de l'inſtruction, c'eſt-à-dire,
en encourageant les recherches des ſavans &
des artiſtes qui tendent à perfectionner l'art, &
ſur-tout à étendre la connoiſſance par la pu-
blicité des procédés dont la cupidité cherche à
faire autant de ſecrets. Il eſt utile que le Gouvernement faſſe quelques dépenſes pour envoyer de jeunes gens s'inſtruire dans les pays
étrangers des procédés ignorés en France, &
qu'il faſſe publier le réſultat de leurs recherches. Ces moyens ſont bons ; mais la liberté &
l'affranchiſſement des taxes ſont bien plus effi-
caces & bien plus néceſſaires.

Vous paroiſſez, Monſieur, dans les lettres

que vous m'avez fait l'honneur de m'écrire fur cette matière, avoir envifagé comme un encouragement pour le commerce national les entraves que l'on pourroit mettre à l'entrée des fers étrangers. Vous annoncez même que vous avez reçu de différentes provinces des repréfentations multipliées fur la faveur que ces fers étrangers obtiennent, au préjudice du commerce & de la fabrication des fers nationaux; je conçois en effet que des maîtres de forges, qui ne connoiffent que leurs fers, imaginent qu'ils gagneroient davantage s'ils avoient moins de concurrens. Il n'eft point de marchand, qui ne voulût être feul vendeur de fa denrée ; il n'eft point de commerce, dans lequel ceux qui l'exercent ne cherchent à écarter la concurrence, & ne trouvent quelques fophifmes, pour fe faire accroire que l'état eft intéreffé à écarter du moins la concurrence des étrangers, qu'ils réuffiffent plus aifément à repréfenter comme les ennemis du commerce national. Si on les écoute, & on ne les a que trop écoutés, toutes les branches de commerce feront infectées de ce genre de monopole. Ces imbécilles ne voient pas que ce même monopole qu'ils exercent, non pas comme ils le font accroire au Gouvernement, contre les étrangers, mais contre leurs conci-

toyens, confommateurs de la denrée, leur eft
rendu, par ces mêmes concitoyens, vendeurs
à leur tour, dans toutes les autres branches de
commerce, où les premiers deviennent à leur tour
acheteurs. Ils ne voient pas que toutes ces affo-
ciations de gens du même métier ne manquent
pas de s'autorifer des mêmes prétextes, pour
obtenir du Gouvernement féduit la même ex-
clufion des étrangers ; ils ne voient pas que
dans cet équilibre de vexation & d'injuftice
entre tous les genres d'induftrie où les artifans
& les marchands de chaque efpèce oppriment
comme vendeurs, & font opprimés comme
acheteurs ; il n'y a de profit pour aucune partie ;
mais qu'il y a une perte réelle pour la totalité
du commerce national, ou plutôt pour l'Etat,
qui, achetant moins à l'étranger, lui vend moins
auffi. Cette augmentation forcée des prix pour
tous les acheteurs diminue néceffairement la
fomme des jouiffances, la fomme des revenus
difponibles , la richeffe des propriétaires &
du Souverain, & la fomme des falaires à dif-
tribuer au peuple. Cette perte eft doublée
encore, parce que dans cette guerre d'oppref-
fion réciproque, où le Gouvernement prête fa
force à tous contre tous, on n'a excepté que
la feule branche du labourage que toutes op-

priment de concert , par ces monopoles exclufifs des étrangers , mais qui , bien loin de pouvoir opprimer perfonne , ne peut même jouir
du droit naturel de vendre fa denrée , ni aux
étrangers , ni même à ceux de fes concitoyens
qui viendroient l'acheter ; enforte que de toutes
les claffes de citoyens laborieux , il n'y a que
le laboureur qui fouffre du monopole comme
acheteur , & qui en fouffre en même - temps
comme vendeur. Il n'y a que lui qui ne puiffe
acheter librement des étrangers aucune des
chofes dont il a befoin. Il n'y a que lui qui ne
puiffe vendre aux étrangers librement la denrée
qu'il produit , tandis que le marchand de drap
ou tout autre achete tant qu'il veut le bled des
étrangers , & vend autant qu'il veut fon drap
aux étrangers. Quelques fophifmes que puiffe
accumuler l'intérêt particulier de quelques commerçans , la vérité eft que toutes les branches
de commerce doivent être libres , également
libres , entièrement libres ; que le fyftème de
quelques politiques modernes qui s'imaginent
favorifer le commerce national en interdifant
l'entrée des marchandifes étrangères , eft une
pure illufion ; que ce fyftème n'aboutit qu'à
rendre toutes les branches de commerce en-
nemies les unes des autres , à nourrir entre les

nations un germe de haines & de guerres ; dont
les plus foibles effets font mille fois plus coû-
teux aux peuples, plus deftructifs de la richeffe,
de la population, du bonheur, que tous les
petits profits mercantilles qu'on imagine s'affurer ne peuvent être avantageux aux nations
qui s'en laiffent féduire. La vérité eft qu'en
voulant nuire aux autres, on fe nuit à foi-même,
non-feulement parce que la repréfaille de ces
prohibitions eft fi facile à imaginer que les autres
nations ne manquent pas de s'en avifer à leur
tour, mais encore parce qu'on s'ôte à foi-même
les avantages inapréciables d'un commerce libre ;
avantages, tels que fi un grand état comme la
France vouloit en faire l'expérience, les progrès
rapides de fon commerce & de fon induftrie
forceroient bientôt les autres nations de l'imiter
pour n'être pas appauvries par la perte totale de
leur commerce.

Mais quand tous ces principes ne feroient
pas, comme j'en fuis entièrement convaincu,
démontrés avec évidence, quand le fyftème des
prohibitions pourroit être admis dans quelque
branche de commerce ; j'ofe dire que celui des
fers devroit être excepté par une raifon décifive,
& qui lui eft particulière.

Cette raifon eft que le fer n'eft pas feulement

une denrée de confommation utile aux différens ufages de la vie. Le fer qui s'employe en
meubles, en ornemens, en armes, n'eft pas
la partie la plus confidérable des fers qui fe
fabriquent & fe vendent. C'eft fur-tout comme
inftrument néceffaire à la pratique de tous les
arts, fans exception, que ce métal eft fi précieux, fi important dans le commerce : à ce
titre, il eft matière première de tous les arts,
de toutes les manufactures, de l'agriculture
même; à laquelle il fournit la plus grande partie
de fes inftrumens; à ce titre, il eft denrée de
première néceffité; à ce titre, quand même on
adopteroit l'idée de favorifer les manufactures
par des prohibitions, le fer ne devroit jamais
y être affujetti; puifque ces prohibitions, dans
l'opinion même de leurs partifans, ne doivent
tomber que fur les marchandifes fabriquées pour
la confommation, & non fur les marchandifes
qui font des moyens de fabrication, telles que
les matières premières, & les inftrumens néceffaires pour fabriquer; puifque l'acheteur des
inftrumens de fer fervans à fa manufacture ou
à fa culture, doit, fuivant ce fyftême, jouir de
tous les privilèges que les principes de ce fyftême donnent au vendeur fur le fimple con-
fommateur.

Défendre l'entrée du fer étranger, c'eſt donc favoriſer les maîtres de forges, non pas ſeulement comme dans les cas ordinaires de prohibitions, aux dépens des conſommateurs nationaux ; c'eſt les favoriſer aux dépens de toutes les manufactures, de toutes les branches d'induſtrie, aux dépens de l'agriculture & de la production des ſubſiſtances, d'une manière ſpéciale, & encore plus directe que l'effet de toutes les autres prohibitions dont il faut avouer qu'elle ſe reſſent toujours.

Je ſuis perſuadé que cette réflexion, qui ſans doute s'eſt auſſi préſentée à vous, vous empêchera de condeſcendre aux ſollicitations indiſcrètes des maîtres de forges & de tous ceux qui n'enviſageront cette branche de commerce qu'en elle-même, & iſolée de toutes les autres branches avec leſquelles elle a des rapports de néceſſité première.

J'ajouterai encore ici deux conſidérations qui me paroiſſent mériter votre attention.

L'une eſt qu'un grand nombre d'arts n'ont pas beſoin ſeulement de fers, mais de fers de qualités différentes & adaptées à la nature de chaque ouvrage. Pour les uns, il faut du fer plus ou moins doux ; d'autres exigent un fer plus aigre ; les plus importantes manufactures

emploient de l'acier, & cet acier varie encore
de qualité ; celui d'Allemagne eſt propre à certains uſages ; celui d'Angleterre, qui eſt plus
précieux, à d'autres. Or il y a certaines qualités de fers que le royaume ne fournit pas &
qu'on eſt obligé de tirer de l'Étranger. A l'égard
de l'acier, il eſt notoire qu'il s'en fabrique
très-peu en France ; qu'à peine ce genre de
fabrication en eſt-il à ſes premiers eſſais ; &
quelque heureux qu'ils aient pu être, il ſe paſ-
ſeia peut-être un demi-ſiècle avant qu'on faſſe
aſſez d'acier en France pour ſubvenir à une
partie un peu conſidérable des uſages auxquels
l'emploient les manufactures où l'on eſt obligé
de tirer de l'Étranger les outils tout faits ; parce
qu'on ne ſait point en fabriquer en France qui
aient la perfection néceſſaire, & parce que
l'ouvrage perdroit trop de ſa qualité & de ſon
prix s'il étoit fait avec des outils imparfaits.
Ce ſeroit perdre ces manufactures, ce ſeroit
anéantir toutes celles où l'on emploie l'acier,
toutes celles où l'on a beſoin de qualités particulières de fer, que d'interdire l'entrée des
fers étrangers ; ce ſeroit les conduire à une
décadence inévitable que de charger ces fers
de droits exceſſifs ; ce ſeroit ſacrifier une grande

partie du commerce national à un intérêt très-mal entendu des Maîtres de forges.

Cette première confidération prouve, ce me femble, que dans l'état actuel du commerce des manufactures & de celui des fers nationaux; il y auroit de l'imprudence à gêner l'importation des fers étrangers. Celle qui me refte à développer prouvera que jamais cette importation ne ceffera d'être néceffaire, & qu'au contraire le befoin ne ceffera vraifemblablement d'en augmenter avec le temps.

En effet, il fuffit de réflechir fur l'immenfe quantité de charbon de bois que confomme la fonte de la mine & fa réduction en métal, fur la quantité non moins immenfe que confomment les forges & ufines où l'on affine le fer, pour fe convaincre que quelque abondant que puiffe être le minéral, il ne peut être mis en valeur, qu'autant qu'il fe trouvera à portée d'une très-grande quantité de bois, & que ces bois auront peu de valeur. Quelque abondante que puiffe être une forêt fituée à portée d'une rivière affluente à Paris, certainement on ne s'avifera jamais d'y établir une Forge, parce que le bois y a une valeur qu'on ne retrouveroit jamais fur la vente des fers qui en feroient fabriqués. Auffi, le principal intérêt qu'on envi-

sage dans l'établissement d'une Forge est celui
de donner une valeur & un débouché à des
bois qui n'en avoient point. Il suit de là, qu'à
mesure que les bois deviennent rares , à mesure
qu'ils acquièrent de la valeur par de nouveaux
débouchés , par l'ouverture des chemins , des
canaux navigables , par l'augmentation de la
culture, de la population , la fonte & la fabrication des fers doit être moins lucrative & diminuer peu-à-peu. Il suit de là qu'à proportion
de ce que les nations sont plus anciennement
policées, à proportion des progrès qu'elles ont
faits vers la richesse & la propriété , elles doivent fabriquer moins de fer & en tirer davantage
des étrangers. C'est pour cela que l'Angleterre ,
qui, de toutes les nations de l'europe , est la plus
avancée à cet égard , ne tire d'elle-même que
très-peu de fer brut ; & qu'elle en achète beaucoup en Allemagne , & dans le Nord , auquel
elle donne une plus grande valeur , en le con-
vertissant en acier & en ouvrages de quincailleries.
Le commerce des fers est assigné par la nature
aux peuples nouveaux , aux peuples qui possèdent
de vastes forêts incultes, éloignées de tout débouché , où l'on trouve un avantage à brûler une
immense quantité de bois pour la seule valeur
des sels qu'on retire en lessivant leurs cendres.

Ce commerce foible en Angleterre , encore
affez floriffant en France , beaucoup plus en
Allemagne, & dans les pays du Nord, doit ;
fuivant le cours naturel des chofes, fe porter
en Ruffie, en Sibérie, & dans les Colonies
Amériquaines, jufqu'à ce que ces pays fe peu-
plant à leur tour, & toutes les nations fe trouvant à-peu-près en équilibre à cet égard, l'augmentation du prix des fers devienne affez forte
pour qu'on retrouve de l'intérêt à en fabriquer
dans le pays même où l'on en avoit abandonné
la production, faute de pouvoir foutenir la concurrence des Nations pauvres. Si cette décadence
du commerce des Forges, fuite de l'augmentation des richeffes, des accroiffemens de la population, de la multiplication des débouchés du
commerce général, étoit un malheur, ce feroit
un malheur inévitable qu'il feroit inutile de
chercher à prévenir. Mais ce n'eft point un
malheur, fi ce commerce ne tombe que parce
qu'il eft remplacé par d'autres productions plus
lucratives. Il faut raifonner de la France par
rapport aux autres Nations, comme on doit
raifonner des Provinces à portée de la confommation de Paris, par rapport aux Provinces de
l'intérieur ; certainement les propriétaires voifins
de la Seine ne regrettent pas que leurs bois

aient une valeur trop grande pour pouvoir y établir des Forges, & ils se résignent sans peine à acheter avec le revenu de leurs bois les fers que leur vendent les autres Provinces.

S'obstiner par les vues d'une politique étroite, qui croit pouvoir tout tirer de son cru, à contrarier cet effet nécessaire, ce seroit faire comme les propriétaires de Brie, qui croient économiser en buvant de mauvais vin de leur cru qu'ils payent beaucoup plus cher par le sacrifice d'un terrein susceptible de produire de bon froment, que ne leur coûteroit le vin de Bourgogne, qu'ils acheteroient de la vente de ce froment ; ce seroit sacrifier un profit plus grand pour conserver un profit plus foible.

Ce que doit faire la politique est donc de s'abandonner aux cours de la nature & aux cours du commerce, non moins nécessaire, non moins irrésistible que le cours de la nature, sans prétendre le diriger ; parce que pour le diriger sans le déranger & sans se nuire à soi-même, il faudroit pouvoir suivre toutes les variations des besoins, des intérêts, de l'industrie des hommes ; il faudroit les connoître dans un détail qu'il est physiquement impossible de se procurer, & sur lequel le Gouvernement le plus habile, le plus actif, le plus détailleur, risquera toujours de

se

fe tromper au moins de la moitié ; comme l'obferve ou l'avoue l'Abbé Galiani, dans un ouvrage, où, cependant, il défend, avec le plus grand zèle, le fyftême des prohibitions, précifément fur le genre de commerce où elles font les plus funeftes, je veux dire fur le commerce des grains. J'ajoûte que fi l'on avoit fur tous ces détails cette multitude de connoiffances qu'il eft impoffible de raffembler, le réfultat en feroit de laiffer aller les chofes précifément comme elles vont toutes feules, par la feule action des intérèts des hommes animés & balancés par la concurrence libre.

J'ai cru, Monfieur, devoir, pour l'acquit de ma confcience, vous communiquer toutes les réflexions que m'a fuggéré la crainte de vous voir céder à des propofitions que je crois dangéreufes & qui nuiroient au commerce que vous voulez favorifer. Je fais que vous ne défapprouvez pas la liberté avec laquelle je vous expofe fans déguifement ce que je crois être la vérité.

Je fuis &c.

F I N.

On trouve chez le même Libraire :

Médecine domestique, ou traité complet des moyens de se conserver en santé, et de guérir les maladies par le régime et les remèdes simples : Ouvrage mis à la portée de tout le monde : par G. Buchan, D. M. du collège royal des Médecins d'Edimbourg ; traduit de l'anglois, par J. D. Duplanil, Docteur en Médecine de la Faculté de Montpellier, et Médecin honoraire de Son A. R. Monseigneur Comte d'Artois. Quatrième édition, revue, corrigée et considérablement augmentée, sur la dixième édition de Londres. A Paris, chez Froullé, Libraire, quai des Augustins, 1789. Avec approbation et privilège du Roi, 5 vol. in-8°. orné du portrait de M. Buchan, nouvellement gravé d'après l'original envoyé à M. Duplanil. Les 5 vol. brochés se vendent 25 livres, reliés en basanne, 30 liv, et en veau, 32 liv. 10 sols.

Cet ouvrage, dont on a dit que jamais livre n'avoit mieux rempli son titre, a des succès qui ne peuvent laisser aucune espèce de doute sur son utilité. Dix éditions en anglois, neuf en françois, y compris les contrefactions, une en Hollandois, une en Italien, une en Espagnol, &c. le mettent d'une manière non équivoque, au rang des livres véritablement nécessaires. Ces succès sont le fruit du travail continuel des Auteurs à qui nous le devons. M. Buchan a fait encore des augmentations dans sa dernière édition, dont le traducteur rend compte dans un avertissement, et M. Duplanil a beaucoup travaillé l'édition que nous publions aujourd'hui. Ceux qui ont vu des exemplaires de l'une ou de l'autre de ces contrefactions, et qui ont lu sur les titres *quatrième*, *cinquième*, et peut-être *sixième* édition, seront sans doute étonnés de ce que la nôtre n'est intitulée que QUATRIÈME. Ils ne pourront croire qu'elle soit nouvelle. Cependant la vérité est qu'elle n'est que la *quatrième* faite sous les yeux du traducteur.

Les Libraires de Genève, qui se sont appropriés cet ouvrage, comme s'il leur appartenoit, en ont fait, en peu de temps, trois contrefactions, qu'ils ont intitulées, la première nouvelle édition, à Genève, chez PELLET, et deux autres, *quatrième & cinquième édition*. Mais pour celles-ci, ils ont fait disparoître le nom de Genève, ils ont adopté celui de Paris et le nôtre, de sorte que le titre de ses contrefactions étant copié sur l'édition de Paris, et accompagné du portrait de l'auteur, en a imposé à une foule de personnes qui se sont empressées de se procurer ces éditions fautives.

M. Duplanil est entré dans des détails à ce sujet. Qu'on lise l'avertissement de cette quatrième édition, et l'on verra comment la contrefaction d'un livre de Médecine, peut aller jusqu'à causer la mort de ceux qui mettent leur confiance dans de telles productions.

Pour prévenir, autant qu'il est possible, de tels malheurs, je me suis déterminé à signer cette quatrième édition. Ainsi, tout exemplaire qui ne portera pas ma signature, sera un exemplaire contrefait.

On trouve chez le même Libraire un nouvel Ouvrage de M. le M. de C***, intitulé : *Examen de cette question ; Est-il utile de diviser une Assemblée Nationale en plusieurs Chambres ?* L'Auteur paroît avoir eu en vue de répondre principalement aux personnes qui auroient conçu le projet de faire diviser l'Assemblée Nationale en deux chambres. Il examine sous de nouveaux rapports cette question qu'il avoit déjà discutée avec étendue et profondeur dans un autre ouvrage, intitulé : *De l'inutilité et du danger de partager le pouvoir législatif en plusieurs corps*, qui a été inséré dans le premier volume des *Recherches historiques et politiques sur les États-Unis d'Amérique, par un citoyen de Virginie*, 1789, 4 vol. in-8°, broché 12 livres.

CHANT DU 14 JUILLET 1800.

O glorieuse destinée !
Applaudis-toi, peuple français.
Bientôt, de palmes couronnée,
La victoire obtiendra la paix.
Le front des Alpes s'humilie,
Nous avons franchi leurs frimas ;
Et tous les forts de l'Italie
S'ouvrent deux fois à nos soldats.

Où sont ces ennemis qui, dans Nice et dans Gênes,
Avaient osé dicter leurs ordres absolus ?
Leur sang du Milanais rougit au loin les plaines.
Un héros se présente : ils ne sont déjà plus.

Des Germains l'aigle épouvantée
Dans Vienne revole à grands cris,
Et sur sa route ensanglantée
Ne voit partout que des débris.
A cette nouvelle fatale
La cour des Césars est en deuil,
Et de la Tamise rivale
Nos succès confondent l'orgueil.

Du sommet de ces monts où sa source est placée,
Le Rhin nous reconnait et s'élance en fureur,
Et toujours indigné de sa honte passée,
Au Danube ennemi court porter sa terreur.

www.ingramcontent.com/pod-product-compliance
Ingram Content Group UK Ltd.
Pitfield, Milton Keynes, MK11 3LW, UK
UKHW021736090726
13657UKWH00002B/738